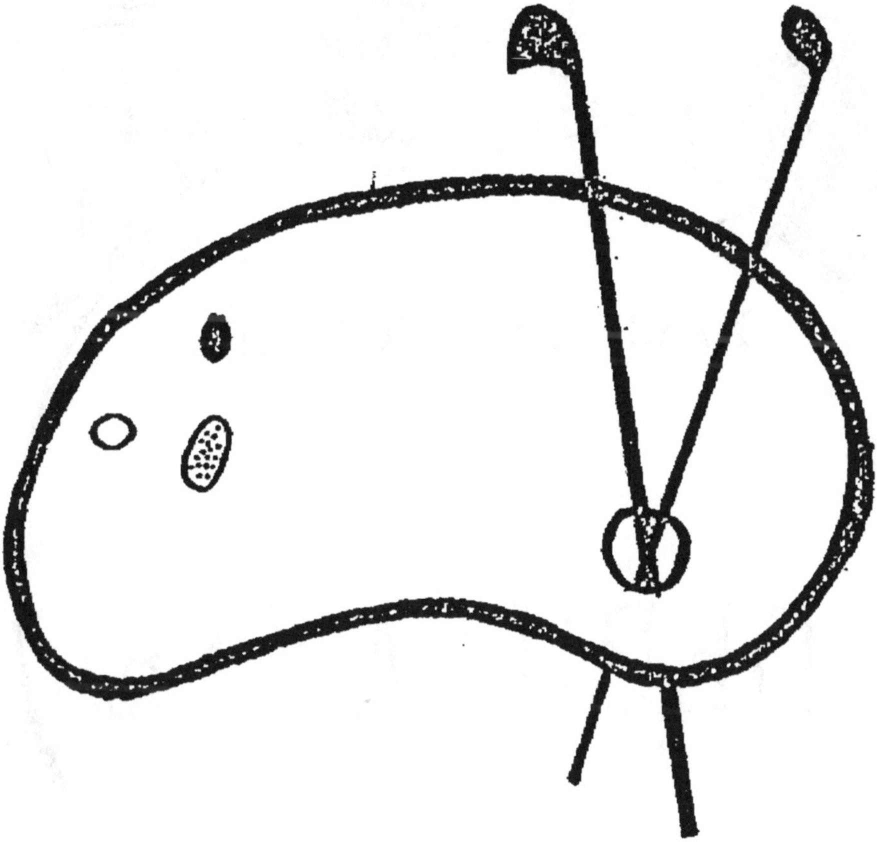

COUVERTURE SUPERIEURE ET INFERIEURE
EN COULEUR

DEUXIÈME ÉDITION

XAVIER DE MONTÉPIN

UNE

DÉBUTANTE

PARIS

E. DENTU, LIBRAIRE-ÉDITEUR

PALAIS ROYAL, 15-17-19, GALERIE D'ORLÉANS

EN VENTE A LA LIBRAIRIE E. DENTU, ÉDITEUR

Collection grand in-18 jésus à 3 francs le volume

LA SORCIÈRE ROUGE. 3ᵉ édition		3 vol.
LE VENTRILOQUE. 3ᵉ édition		3 vol.
LE SECRET DE LA COMTESSE. 4ᵉ édition		2 vol.
LA MAITRESSE DU MARI. 4ᵉ édition		1 vol.
UNE PASSION. 3ᵉ édition		1 vol.
LE MARI DE MARGUERITE. 13ᵉ édition		3 vol.
LES TRAGÉDIES DE PARIS. 7ᵉ édition		4 vol.
LA VICOMTESSE GERMAINE (suite des *Tragédies de Paris*)		3 vol.
LE BIGAME. 6ᵉ édition		2 vol.

Gustave Aimard	Le Chasseur de Rats. 2 vol.	6	»
Philibert Audebrand	L'Enchanteresse. 1 vol.	3	»
Adolphe Belot	Folies de Jeunesse. 1 vol.	3	»
F. du Boisgobey	La Jambe Noire. 2 vol.	6	»
Edouard Cadol	Le Cheveu du Diable. 1 vol.	3	»
Jules Claretie	Le Train 17. 1 vol.	3	50
Champfleury	La Petite Rose. 1 vol.	3	»
Eugène Chavette	La Chasse à l'Oncle. 2 vol.	6	»
Alphonse Daudet	Jack. 2 vol.	6	»
Albert Delpit	Le Mystère du Bas-Meudon. 1 vol.	3	»
Charles Deslys	Le Serment de Madeleine. 1 vol.	3	»
H. Escoffier	La Vierge de Mabille. 1 vol.	3	»
Paul Féval	Gavotte. 1 vol.	3	»
Em. Gonzalès	Les Danseuses du Caucase. 1 vol.	3	50
Ch. Joliet	Jeune Ménage. 1 vol.	3	»
Hector Malot	Le Colonel Chamberlain, etc. 4 vol.	12	»
Emile de Najac	L'Amant de Catherine. 1 vol.	3	»
Victor Perceval	Le Secret du Docteur. 1 vol.	3	»
Paul Saunière	L'Agence Aubert. 2 vol.	6	»
Pierre Zaccone	La Cellule nº 7. 1 vol.	3	»

UNE DÉBUTANTE

LIBRAIRIE DE E. DENTU, ÉDITEUR

DU MÊME AUTEUR :

LA MAITRESSE DU MARI, 4ᵉ édition.	1 vol.
LE SECRET DE LA COMTESSE, 4ᵉ édition. . . .	2 vol.
LA SORCIÈRE ROUGE, 3ᵉ édition.	3 vol.
LE VENTRILOQUE, 3ᵉ édition.	3 vol.
UNE PASSION, 3ᵉ édition.	1 vol.
LA BATARDE, 3ᵉ édition, 2 vol.	2 vol.
LE MARI DE MARGUERITE, 13ᵉ édition. . . .	3 vol.
LES TRAGÉDIES DE PARIS, 7ᵉ édition. . . .	4 vol.
LA VICOMTESSE GERMAINE (suite de *Tragédies de Paris*), 7ᵉ édition	3 vol.
LE BIGAME, 7ᵉ édition.	2 vol.

SOUS PRESSE :

L'AMOUR D'UN PRINCE.

SA MAJESTÉ L'ARGENT.

F. Aureau. — Imprimerie de Lagny.

UNE DÉBUTANTE

PAR

XAVIER DE MONTÉPIN

PARIS
E. DENTU, ÉDITEUR
LIBRAIRE DE LA SOCIÉTÉ DES GENS DE LETTRES
PALAIS-ROYAL, 15-17-19, GALERIE-D'ORLÉANS
—
1877
Tous droits réservés

UNE DÉBUTANTE

I

LE SOUPER

Peut-être quelques gourmets des primeurs chorégraphiques se rappellent-ils la première représentation d'un ballet intitulé : LES BAINS DE DIANE.

S'ils ont conservé ce souvenir, ils ne sauraient avoir oublié le grand succès de grâce et de beauté obtenu par une jeune et jolie débutante qui prenait sur l'affiche le nom de JANE, et qui remplissait, à la vive satisfaction du public, un très-gracieux rôle de baigneuse.

Cette agréable personne avait obtenu sans peine la faveur d'un début, grâce à la protection efficace d'un journaliste influent, Georges de Coësnon, et à celle d'une grande comédienne, la belle et célèbre Claudia.

Le soir de la première représentation des *Bains de Diane*, Claudia offrit à souper chez elle à Georges, à Jane et à une charmante femme, bien connue alors dans le monde de la galanterie parisienne sous le pseudonyme de Vignette.

Il s'agissait de célébrer joyeusement le succès de la débutante.

Nous prions nos lecteurs de vouloir bien nous accompagner au logis de la comédienne.

*
* *

Trois heures du matin venaient de sonner à l'horloge à gaîne Louis XVI de la salle à manger.

Le repas était à peu près fini.

Les doigts gourmands des jeunes femmes avaient mis le dessert au pillage; — les fruits confits et les bonbons jonchaient la nappe.—A côté de chaque convive se voyaient une dizaine de verres de toutes les grandeurs, les uns vides, les autres encore à moitié pleins.—Le café brûlant, servi dans de petites tasses de vieux Sèvres, répandait son odeur exquise dans l'atmosphère saturée de parfums.

Georges fumait silencieusement, avec une physionomie quelque peu maussade.

Claudia finit par remarquer l'air soucieux et morose de son unique convive masculin.

— Comme te voilà triste, mon bon !... — dit-elle au journaliste, — pourquoi ce visage d'employé aux pompes funèbres ?... — Est-ce que tu t'ennuies ?...

Georges répondit avec un sourire :

— Non, ma chère, je ne m'ennuie pas, mais je réfléchis...

— Peut-on savoir à quoi, beau ténébreux ?

— Oh ! parfaitement... quoique peut-être tu ferais mieux de ne pas me le demander, et moi tout aussi bien de ne point te le dire...

Il en fallait moins pour piquer la curiosité de Claudia.

— Voyons, — dit-elle, — confesse-toi, cher ami, je le veux...

— Je pensais, — répliqua Georges, — que depuis le paradis terrestre où, pour la première fois, Ève, notre grand'mère, goûta la pomme du plaisir offerte par le serpent symbolique, les femmes sont fausses et menteuses.

Un triple éclat de rire interrompit le journaliste.

— Ah ! pardieu ! mon cher ami, — s'écria Claudia en riant toujours, — voilà un petit aperçu philosophique tout à fait neuf, et qui ne manque point d'à-propos...

— Si vous m'aviez laissé continuer, — répondit Georges, — vous sauriez maintenant où j'en voulais venir...

— Va donc, nous t'écoutons...

Georges reprit :

— Je me disais, en vous regardant, mesdames : — Voilà trois femmes, — jeunes toutes trois, — toutes trois jolies, — les plus jolies femmes de Paris...

— C'est convenu depuis longtemps ! — interrompit Claudia de nouveau.

— Sans doute, — répliqua le journaliste, — mais j'aime à le répéter... — Je me disais cela et j'ajoutais : — Eh bien ! je n'ai qu'à adresser à ces trois femmes une question... — une seule... — bien simple, — et toutes les trois vont mentir...

— Et, — demanda la comédienne, — cette question, quelle est-elle ?

— Celle-ci : *Quel âge avez-vous ?*

Claudia, Vignette et Jane se regardèrent.

La première rougit imperceptiblement.

Les deux autres eurent un franc sourire.

— Eh bien ! — poursuivit Georges, — j'interroge, et l'on ne répond pas !... A toi d'abord, voyons, Claudia ?...

— Mon cher, — répliqua l'actrice en dissimulant de son mieux un mouvement léger de mauvaise humeur, — ta supposition que je vais mentir est impertinente ! — Je suis assez jeune pour ne cacher ni un mois, ni un jour... tout le monde sait que j'ai vingt-six ans...

Georges s'inclina en souriant. Il savait, — comme tout le monde, — que Claudia en avait trente-deux.

— Au tour de Vignette, — dit-il.

— Ma foi, — répondit la jeune femme, — je crois que j'ai dix-huit ans, mais, pour peu que vous y teniez, je m'en donnerai vingt.

— Je suis moins généreux que vous, ma chère, je vous en aurais donné seize... — Et ma jolie Jane, combien ?

— Oh ! moi, — dit la débutante, je sais mon compte sur le bout du doigt, — à jour exact et à heure fixe...

— Voyons.

— Vingt-deux, — le 5 août prochain, à dix heures du matin.

— Vingt-deux ans ! — s'écria Georges, — je t'en croyais dix-huit à peine...

— Vrai ?

— Parole d'honneur !... et même je ne suis pas convaincu... — par coquetterie, tu te vieillis...

— J'ai la preuve.

— Laquelle ?

— Un acte.

— De naissance?
— Non.
— De baptême?
— Pas davantage.
— Ce n'est pas un acte de décès, pourtant?...
— Non, mon cher, c'est un acte de mariage.

Georges, Vignette et Claudia regardèrent Jane avec une stupeur comique.

Puis, au bout d'une seconde, le journaliste s'écria :

— Allons, la plaisanterie est jolie!... mon compliment, cher amour!... tu es parfaite dans ce rôle-là!...

— Mais, — dit Jane avec vivacité, — ce n'est pas une plaisanterie, mon bon... — je parle très-sérieusement...

— Tu es mariée?
— Mieux que cela.
— Comment, mieux que cela?
— Je suis veuve.

— Oh! je le crois sans peine, et de nombreux époux... mais je doute du légitime arrondissement.

— Eh bien! — répliqua Jane, un peu piquée, — tu n'as qu'à me reconduire chez moi, et je te montrerai mon acte de mariage et l'acte de décès de feu mon mari...

— Vrai?... mais, là, bien vrai?...

— Foi d'honnête fille!...

— Vertu de ma vie! — fit Georges en riant, — voilà un serment qui ne peut pas nous laisser l'ombre d'un doute! — Et, de quoi est-il mort, ce pauvre mari?... De trop de bonheur, peut-être?

— De quoi il est mort?... ah! c'est une drôle d'histoire, va! aussi drôle que celle de mes premières amours et de mon mariage...

— Comment, ma petite Jane, tu as une histoire?...

— Tiens! tout comme une autre.

— Et tu ne m'en avais jamais rien dit!... ah! c'est mal! — mais, tu vas réparer ce tort involontaire, et nous faire un récit détaillé de ta mignonne petite existence...

— Ma foi non, — répliqua Jane.

— Et, pourquoi?

— D'abord, ça n'intéresserait pas ces dames...

— Si!... si!... beaucoup, au contraire!... — s'écrièrent en même temps Vignette et Claudia.

— Est-ce sûr, cela?

— Oui, très-sûr.

— Vous ne vous moquerez pas de moi?

— Par exemple!...

— C'est que, voyez-vous, je suis très-jolie, je le sais bien, mais je n'ai pas beaucoup d'esprit...

— Tu es jolie comme un ange, — interrompit Georges, — et tu as de l'esprit comme un diable!... raconte, petite... nous attendons...

— Eh bien ! je suis bonne fille... je consens, et sans me faire prier...

— Bravo !...

— Si ça vous ennuie, tant pis pour vous !...

— C'est convenu, mon amour... — Commence...

II

LE CAFÉ DU CERCLE

— Connaissez-vous Dijon ? — demanda Jane en s'adressant à ses trois auditeurs.

— Parfaitement bien, — répondit Georges.

— J'y ai passé en allant en représentation à Lyon, — dit à son tour Claudia.

Vignette, seule, fit un signe négatif.

— Eh bien ! — reprit Jane, — ceux d'entre vous qui connaissent Dijon connaissent mon pays natal...

— Tiens, tu es Bourguignonne, toi, ma petite ?... — interrompit le journaliste.

— Oui, mon bon.

— C'est donc pour ça que tu aimes tant le vin de Pomard et celui de la Romanée ?...

— Probablement. — A titre de compatriotes ils ont droit à toutes mes sympathies... — et, maintenant, mes chers enfants, interrompez-moi le moins possible... — je me connais, voyez-vous, et, une fois lancée dans mon récit, je vous laisserai attendre deux heures si vous m'en faites perdre le fil...

— Sois paisible, mon chat, — dit Georges, — nous n'interromprons pas du tout... à moins, cependant, que nous n'ayons des éclaircissements à te demander...

— C'est convenu, — je commence...

Et Jane commença en effet.

— Donc, je suis née à Dijon, — dit-elle, — j'y ai été élevée, et à l'âge de dix-huit ans je n'en étais jamais sortie...

« Mon père tenait, sur la place d'Armes, un café qui s'appelait le Café du Cercle. — La place d'Armes, — le plus bel endroit de toute la ville, — a la forme d'un demi-cercle et se trouve en face du palais des ducs de Bourgogne. — Ces ducs de Bourgogne étaient autrefois, à ce qu'il paraît, les anciens rois du pays, et on voit encore aujourd'hui, dans l'église Sainte-Bénigne, des tombeaux superbes sur lesquels leurs statues sont couchées, et très-ressemblantes...

Georges sourit malgré lui de la naïve érudition de Jane, mais, fidèle à sa promesse, il n'interrompit point.

La jolie Bourguignonne reprit :

— Mon père était un ancien sous-officier du temps du premier empire, et il serait devenu officier, bien sûr, — malheureusement, à une bataille, il reçut une balle dans le poignet gauche, — il fallut lui couper la main, et il se retira du service, bien malgré lui et encore très-jeune.

» Il n'avait pas un sou vaillant, — excepté une pension du gouvernement, — et on lui avait donné une place dans une administration.

» Malgré la main qui lui manquait il était très-beau garçon, — il avait l'air fier et il portait de grandes moustaches, ce qui fait que ma mère, qui était fille unique et dont le père tenait le *Café du Cercle*, était devenue amoureuse de lui et avait voulu l'épouser.

» Ce mariage se fit en 1828 ou en 1829 ; — mon grand-père céda son établissement à son gendre et se retira ; — il mourut un an après.

» Ma mère n'eut pas d'enfant d'abord ; — enfin je vins au monde, — puis, au bout d'un an encore, il m'arriva une petite sœur.

» Huit jours après les secondes couches de ma mère, mon père resta veuf avec deux enfants sur les bras.

» Il nous mit en nourrice pour commencer, — ensuite dans une espèce de petite école où on ne nous apprit pas grand'chose, et enfin il nous installa chez une de nos tantes, une bonne et brave femme, qui vivait de ses rentes en faisant cultiver un petit héritage qu'elle avait à Talent, à une lieue à peu près de Dijon.

» Je ne vous dirai rien du tout du temps que nous passâmes chez ma tante ; — d'abord il n'y a rien à en dire, excepté que nous vivions pêle-mêle avec les petits moutons, les petits cochons et les petits canards, et que nous nous trouvions très-heureuses… — Il y a des jours, mais, là, bien vrai… des jours où je suis toute triste, et où j'ai envie de pleurer comme une bête quand je pense à ce temps-là…

» Mais… bah !…

» Lorsque j'eus quinze ans et demi, mon père, qui commençait à se trouver vieux et à se fatiguer de tout surveiller par lui-même, imagina que je lui serais très-utile pour tenir le comptoir dans son café, et il me demanda à ma tante.

» La brave femme n'était pas contente de me voir partir, — surtout quand il s'agissait d'aller dans un café.

» Elle donna à mon père une quantité de raisons pour me garder avec elle ; — elle lui dit que ça n'était pas bon pour une jeune fille d'être sans cesse au milieu d'une quantité d'hommes qui ne manqueraient point de lui dire toutes sortes de sottises, et qu'enfin ce serait me mener droit à ma perdition.

» Mon père répondit qu'une honnête fille restait honnête partout, — qu'il n'y avait que celles qui avaient envie de se perdre qui se perdaient ; — que, d'ailleurs, je ne serais pas chez les autres, mais chez lui ; — que personne ne se permettrait de me dire un mot plus haut que l'autre, — qu'il couperait les oreilles aux impertinents, s'il y en avait; — enfin qu'il se chargerait bien de me faire marcher droit...

» Il n'était pas méchant au fond, mon pauvre homme de père, mais il était entêté, et par moments il avait l'air dur et brutal...

» Ma tante ne paraissait pas convaincue...

» Elle essaya de raisonner encore, — mais mon père ne céda point, et comme il était le maître il m'emmena avec lui, me fit faire des robes tout de suite, car j'étais habillée à peu près en paysanne, et enfin m'installa au comptoir.

» Le Café du Cercle passait pour avoir la meilleure clientèle de la ville.

» Cette clientèle se composait des officiers de la garnison, et des plus riches étudiants en droit.

» Ça me fit un drôle d'effet, allez, quand je me vis pour la première fois entourée de tous ces jeunes gens, qui buvaient, — qui parlaient haut, — qui riaient, — qui fumaient, — et qui me regardaient d'une façon très-singulière.

» Il me sembla que la tête allait me tourner, — je me sentais toute honteuse de voir tant d'hommes ne point me quitter des yeux, — et je ne comprenais pas pourquoi...

» Vous me croirez si vous voulez, mais je vous donne ma parole que dans ce temps-là j'étais aussi naïve qu'un enfant de deux ans, — je ne me doutais seulement pas que j'étais jolie.

» Quelqu'un aurait dit, en parlant de moi : — *Oh! que cette petite fille est laide!...* — ça m'aurait contrariée, mais ça ne m'aurait pas étonnée.

» Du reste je me familiarisai bien vite avec cette nouvelle existence ; — au bout de quelques jours je prenais un singulier plaisir au bruit et au mouvement qui se faisaient autour de moi, et il me semblait que je m'ennuierais à périr s'il me fallait retourner à la ferme, chez ma tante...

» Les habitués du café m'avaient en grande affection ; — les officiers et les étudiants passaient la moitié de leur temps à me débiter des compliments les plus beaux du monde, mais mon père me surveillait, ou plutôt les surveillait de très-près, — et personne n'osait dépasser avec moi les bornes d'une galanterie vague et sans conséquence.

» Je n'en étais plus, cependant, à ignorer que je fusse jolie, — du matin au soir on me le cornait aux oreilles, — si bien que je devins, tout d'un coup, très-fière et très-vaine de ma beauté.

» On s'occupa de moi dans la ville, — on dit que j'étais une merveille, — on me surnomma *la belle Jane;* — les habitués des autres cafés venaient au café du Cercle, rien que pour me voir : — en deux mois notre clientèle avait augmenté d'une manière prodigieuse.

» Mon père, enchanté du parti qu'il avait pris et dont les résultats étaient si lucratifs, se frottait les mains et s'applaudissait de n'avoir pas écouté ma tante.

» Il se réjouissait d'autant plus qu'il n'était rien moins que riche, quoique son établissement fût bien achalandé. — Il était impossible de ne pas faire de très-longs crédits aux officiers et aux étudiants, et, à la fin de l'année, il y avait bien des comptes en souffrance, et beaucoup d'argent perdu.

» Les officiers finissaient toujours par payer, un peu plus tôt ou un peu plus tard.

» Mais pour les étudiants c'était une autre affaire.

» Lorsque, décidément, on ne pouvait rien tirer d'eux, il fallait bien présenter les notes aux parents. — Or les parents, même les plus riches, se faisaient tirer l'oreille pour solder les mémoires, — coupaient, — rognaient, — diminuaient. — Quelques-uns même ne se gênaient pas pour répondre :

» — Les dettes de café de mon fils ne me regardent point. — On perd dans les cafés son temps et son argent en mauvaise compagnie ; — il ne fallait pas accorder de crédit ; — tant pis pour vous... arrangez-vous avec mon fils...

» Les étudiants, alors, promettaient de payer un jour, et ce jour se faisait terriblement attendre...

» Au contraire les clients de passage attirés par ma réputation de beauté *consommaient* beaucoup et payaient rubis sur l'ongle, double avantage, comme vous voyez.

» Au bout de quelques mois j'étais devenue une excellente dame de comptoir, et je savais sur le bout du doigt toutes les rouerics et toutes les petites *ficelles* de l'emploi.

» Je tenais les livres dans la perfection;—un geste suffisait pour me faire obéir des garçons. — J'accueillais les consommateurs avec un sourire plus ou moins gracieux, selon le plus ou moins d'importance de leur dépense quotidienne. — Je n'ignorais point, enfin, le grand art d'amener un client à proposer lui-même le paiement d'une note un peu lourde, qu'on n'ose pas lui présenter.

» Tout allait pour le mieux. — Les jeunes gens se montraient avec moi familiers, — empressés, — complimenteurs, — mais, en somme, parfaitement respectueux.

» Je ne sais si je faisais tourner les têtes, mais aucune déclaration sérieuse ne m'était adressée.

» De mon côté, parmi tous ces étudiants et tous ces officiers dont quelques-uns étaient je vous assure de très-charmants garçons, je ne remarquais personne, et je continuais à ne point me douter que j'avais un cœur.

» J'imagine qu'aucun de ces détails n'échappait à mon père, car il se relâcha peu à peu de cette surveillance exercée sur ce qui m'entourait, et dont je vous ai parlé tout à l'heure.

» Bientôt même elle cessa tout à fait, et mon père, plein d'une aveugle confiance, laissa ses habitués libres de me tout dire, et, moi, maîtresse de tout entendre. »

PAUL BÉRARD

Ici, Jane interrompit le récit commencé.

— Mes petits enfants, — demanda-t-elle brusquement à Claudia, à Vignette et au journaliste, — est-ce que vous ne trouvez pas qu'en voilà assez?...

— Mais non!... mais non!... — répondirent d'une commune voix les trois auditeurs.

— Comment, ça ne vous ennuie pas d'une manière atroce, ce que je vous raconte là?

— En aucune façon.

— Vrai?

— Parole d'honneur!...

— Ça me paraît fort!..

— Pourquoi donc?

— Quel intérêt pouvez-vous prendre à une petite

fille bien niaise, à qui des petits jeunes gens font des compliments saugrenus dans un café de petite ville?...

Ce fut Georges qui répondit :

— Mon amour, — dit-il, — et en parlant en mon nom je crois parler en même temps au nom de Claudia et de Vignette, — ce qui nous intéresse est justement ce que, dans la naïveté tout aimable de ta modestie, tu te figures être ennuyeux... — Il nous paraît original et piquant de comparer la débutante de ce soir et la petite fille dont tu parles, ingénue et timide autant, si ce n'est plus, qu'une pensionnaire du Sacré-Cœur. — D'ailleurs, je ne sais pas si je me trompe, mais il me semble qu'avec mon instinct de critique et d'auteur dramatique je devine que de gros nuages noirs, recélant dans leurs flancs l'éclair et la foudre, ne vont guère tarder à envahir le ciel si calme jusqu'à présent et si transparent de ton récit... — Ai-je tort ou raison, petite Jane ?...

— Tu as raison, dix fois raison, mon bon.

— Recommence donc à narrer, ma brune Dijonnaise, car nous, de notre côté, nous recommençons à te prêter, — comme ça se disait dans *Athalie*, — *une oreille attentive...*

— Vous le voulez?

— Nous le voulons.

— Quand vous en aurez assez, vous me ferez taire?

— Oui, ma baigneuse, je te le promets, mais pour l'amour de Dieu, va donc !...

Jane poursuivit :

— Nos pratiques avaient pris le pli de cette familiarité respectueuse dont je vous parlais tout à l'heure, et les plus mauvais sujets d'entre eux, quand ils venaient causer avec moi pendant cinq minutes, accoudés sur le bord du comptoir, me traitaient à peu près comme ils auraient traité leur sœur. — Ils me racontaient tous les petits bruits et toutes les anecdotes de la ville, et ces commérages m'amusaient beaucoup ; — en outre ils me répétaient à satiété que j'étais jolie, — et ces louanges continuelles, sur lesquelles je ne parvenais point à me blaser, devenaient un besoin pour moi.

« Je n'avais eu, jusqu'alors, aucune disposition à la coquetterie, — ces dispositions se manifestèrent tout à coup avec une vivacité prodigieuse, — on eût dit que je voulais réparer le temps perdu ; — je ne songeais plus qu'à ma toilette, et le moindre faux pli dans le corsage d'une robe m'aurait empêchée de dormir.

» Quoique très-jeune alors et presque encore enfant, je n'avais point la maigreur habituelle aux jeunes filles, — j'étais aussi bien faite que je le suis aujourd'hui, ce qui me rendait facile à habiller. — Quelques-uns des étudiants qui venaient à notre café allaient dans le monde et connaissaient des grandes dames ; — ils me répétaient que ces grandes dames, lorsqu'elles me voyaient quelquefois le dimanche avec mon père à la promenade, au parc, remarquaient ma tournure, — demandaient qui j'étais, — s'informaient du nom de ma couturière et reprochaient aux leurs de ne point savoir donner aux corsages si ornés de leurs robes, la grâce qu'avaient les corsages si simples des miennes.

» Autrefois, cela me rendait toute fière...

» Aujourd'hui cela me paraît bien bête.

» Comment ces comtesses et ces baronnes ne comprenaient-elles pas que c'était à moi et non pas à ma couturière que mes corsages devaient leur élégance?... — Si, comme moi, elles avaient pu se faire une ceinture avec leur bracelet, — si, comme moi, elles avaient eu les épaules de ces statues qu'on voit dans les musées, — elles auraient eu le droit, comme moi, de se faire habiller par n'importe qui, et elles se seraient trouvées bien...

» Mais elles ne pensaient point à cela, et elles aimaient mieux s'en prendre aux couturières qui ne suppléaient point assez habilement, — à force de coton et de baleines, — à tout ce qui leur manquait.

» Au milieu des détails de cette beauté, que j'avais ignorée d'abord et dont je devenais si vaine, il est une chose que j'appréciais plus que toutes les autres, et dont je m'enorgueillissais outre mesure.

» Cette chose, c'étaient mes cheveux.

» Moquez-vous de moi, si vous voulez ; — mais je dis la pure vérité en affirmant que ces cheveux étaient célèbres dans la ville ; — on ne parlait que d'eux, et, comme ils n'avaient leurs pareils ni à Dijon, ni dans les environs, quelques femmes soutenaient qu'ils étaient faux et que la nature ne produisait point de chevelures semblables à la mienne...

« Sachant bien que l'envie seule les faisait parler, ces radotages m'étaient à peu près indifférents ; — d'ailleurs, personne n'y ajoutait foi.

» Cependant je n'aurais pas été fâchée de faire faire, une bonne fois pour toutes, ces méchantes langues...

» Je ne tardai guère à trouver un moyen.

» Il y avait tout près de chez nous, sur la place d'Armes, au rez-de-chaussée d'une maison qui fait l'angle de la rue Vauban, un coiffeur arrivé de Paris depuis trois ou quatre ans, avec sa femme.

» Ce coiffeur, qui s'appelait Paul Bérard, passait pour faire des affaires très-brillantes ; — il était jeune, — joli garçon, — adroit, — actif et bavard.

» Il coiffait toutes les femmes de ce qu'on appelle en province *la société ;* — j'imagine que ce doit être à peu près la caricature du faubourg Saint-Germain. — Il coiffait en outre les étudiants riches ; — enfin, quoiqu'il eût avec lui deux garçons, il ne pouvait suffire à la besogne.

» Sa femme vendait de la parfumerie, — des gants,

— des cols, — des sachets, — des peignes d'écaille, — des portemonnaie ciselés, — des bourses algériennes, des coffrets de Boulle, — enfin toutes sortes de choses de luxe.

» Le magasin de Paul Bérard était à la mode, et, quoique là on payât tout plus cher qu'ailleurs, les élégants n'auraient voulu porter ni une paire de gants Jouvin, ni une cravate de Boivin, achetés dans une autre maison.

» Je savais que Paul Bérard avait dit à plusieurs étudiants qu'il donnerait son plus beau peigne d'écaille blonde, — et il en avait de dix louis ! — pour coiffer des cheveux comme les miens...

» Je savais aussi que s'il me coiffait il en parlerait à tout le monde et que, par conséquent, ses bavardages détruiraient complétement les suppositions injurieuses de ceux qui prétendaient que tous mes cheveux n'étaient pas à moi.

» Je dis à mon père qu'il m'était très-difficile de me coiffer moi-même, et qu'il me ferait bien plaisir en s'abonnant avec M. Bérard qui viendrait tous les matins.

» Mon père ne demandait pas mieux que de me voir embellie encore ; — je vous ai déjà dit que ma réputation de beauté avait presque doublé ses recettes.

» Il se persuada qu'elles ne manqueraient pas de tripler, grâce à l'habileté de Bérard, et il alla incontinent s'entendre avec lui.

» A la première ouverture de mon père, Bérard répondit qu'il était à mes ordres et que je pouvais indiquer l'heure qui me conviendrait le mieux.

» — Eh bien ! — dit mon père, — neuf heures du matin...

» — Va pour neuf heures.

» — Vous serez exact ?

» — Comme l'horloge du palais.

» — Maintenant, convenons du prix de l'abonnement...

» — C'est facile.

» — Combien prendrez-vous par mois ?...

» — Rien.

» — Comment, rien ?

» — Non, pas un sou.

» — Voisin, vous voulez rire ?

» — En aucune façon.

» — Ainsi vous prétendez coiffer ma fille, tous les matins, pour l'amour de Dieu ?...

» — Non pas pour l'amour de Dieu, mais pour la gloire... — Vous ne savez donc pas que j'aurais volontiers payé l'honneur de soigner une chevelure comme celle de mam'selle Jane ?

» — C'est possible, voisin, mais ça ne me va pas.

» — Pourquoi donc ?

» — Si vous veniez chez moi consommer des petits verres, — des chopes de bière et des grogs américains, — je vous les ferais payer...

» — Et ça serait trop juste... mais ce n'est pas la même chose...

»—C'est la même chose, au contraire.—Je ne veux pas que vous me donniez pour rien votre temps et votre huile antique... — Faites donc votre prix, ou je chercherai un autre coiffeur...

» Bérard insista pour ne rien accepter.

» Mais mon père avait un amour-propre intraitable, — il ne démordit point de sa première détermination,

» Bérard céda et demanda quinze francs par mois. — Ce prix fut consenti aussitôt, et l'on convint que la première séance de coiffure aurait lieu le lendemain matin, à neuf heures.

» Bérard fut en avance plutôt qu'en retard, et je me souviens, comme si c'était hier, des cris d'admiration qu'il poussa en déroulant mes cheveux.

» Lorsque je me coiffais moi-même, je tordais et serrais tellement mes nattes que je comprends bien l'étonnement de celui qui, pour la première fois, les voyait défaites et étendues sur mes épaules, — j'aurais pu m'en servir en guise de manteau, comme le fit autrefois dit-on une dame du temps passé qui s'appelait Geneviève de Brabant et dont vous avez probablement entendu parler.

» Bérard semblait ne pouvoir se lasser de tenir et de toucher mes cheveux ; — il les lissait, — il les séparait, — il en faisait des tresses qu'il dénattait ensuite pour recommencer à les tresser ; — la séance dura près d'une heure.

» Bref, tout cela aboutit à une coiffure que je trouvai superbe, mais qui devait être de très-mauvais goût ; — elle conquit cependant les suffrages de nos habitués, et, ce jour-là, on me dit deux fois plus souvent que de coutume, que j'étais une merveille de beauté.

» C'était un très-joli garçon, Bérard, — grand et mince, avec une figure pâle et des petites moustaches brunes, — il n'avait vraiment pas du tout l'air d'un coiffeur.

» Il se faisait habiller à Paris et les jeunes gens de Dijon n'approchaient point de son élégance. — Je vous assure qu'en le voyant passer dans la rue on devait le prendre pour un gentilhomme possédant une trentaine de bonnes mille livres de rentes.

» Je vous ai dit qu'il était bavard ; — il savait mieux que personne tous les *cancans* et toutes les nouvelles ; — il coiffait les femmes riches pour les bals, et il n'y avait pas une d'entre elles sur qui il ne racontât quelque histoire scandaleuse ; — ces histoires, il me les disait, et avec des termes et des expressions bien autrement libres que les jeunes gens de notre café ; — cela m'étonnait bien un peu quelquefois, mais, tout en m'étonnant, cela m'amusait et je le laissais dire.

» Ce n'est pas tout : — quand il se mettait sur le chapitre de ses bonnes fortunes et de ses conquêtes, il n'en finissait plus ; — à l'entendre, aucune femme ne lui résistait, et souvent les premières avances lui venaient de ses clientes les plus haut placées.

» — Mais, — lui disais-je de temps en temps, — votre femme ?

» Il haussait les épaules et me répondait :

» — Bah ! elle n'en sait rien... — D'ailleurs, que voulez-vous que j'y fasse ?... je ne peux cependant pas mettre sous clef mon physique.

» Au bout de quelques jours, Bérard commença à prendre avec moi des façons singulières.

» Il me coiffait dans ma petite chambre, qui était à l'entre-sol au-dessus du café.

» Un matin, il imagina de me prendre dans ses bras et de m'embrasser de toutes ses forces.

» Je me mis bien fort en colère, et, en même temps, j'eus peur...

» — Voulez-vous me lâcher !... — m'écriai-je, — et voulez-vous sortir !... vilain homme que vous êtes !... vous puez la pommade !... — Si vous ne me lâchez pas tout de suite, j'appelle à l'aide... — mon père montera et vous verrez s'il sera content !

» Cette menace produisit beaucoup d'effet sur Bérard ; — il desserra ses bras et il sortit d'un air tout penaud.

» Au bout d'un instant, j'ouvris la porte pour voir si Bérard était parti.

» Il attendait dans le corridor.

» — Mademoiselle Jane, — me dit-il, — je viens de faire une sottise, et je vous prie de ne pas m'en garder rancune... — Ça m'a tourné la tête de vous voir si jolie et je n'ai plus su ce que je faisais... — Je vous en demande pardon.

» — Vous ne recommencerez pas ? — m'écriai-je.

» — Jamais !...

» — Bien vrai ?...

» — Je vous en donne ma parole d'honneur.

» — Alors, entrez et n'en parlons plus...

» — Vous me promettez de ne rien dire à votre père ?...

» — Oui. — Mais à la première bêtise du même genre, je retirerais ma promesse...

» — Soyez tranquille...

» Il me coiffa d'un air gai et en bavardant comme de coutume, absolument comme si rien ne se fût passé entre nous. — Je lui en sus gré.

ANGÉLINE.

» Un beau jour, Bérard me dit:
» — Mams'elle Jane, je sais quelqu'un, à qui je parle de vous tous les jours, et qui meurt d'envie de faire votre connaissance...
» — Qui donc?
» — Madame Angéline Bérard.
» — Votre femme?...
» — Oui, mams'elle Jane, — elle voudrait commencer avec vous une liaison d'intimité.
» — Mais je ne demande pas mieux, — répondis-je, — et si mon père le permet...
» — Il le permettra, gardez-vous d'en douter... — Grâce à Dieu il n'y a rien à dire sur le compte de madame Bérard, et la première jeune fille venue ne peut que gagner à en faire sa société... — Parlez

donc *au papa*, et si ça lui va, — comme c'est certain, — Angéline viendra demain vous rendre une visite à votre comptoir... Ça vous fera une amie, et au moins, quand vous voudrez faire un tour de parc le soir, vous aurez quelqu'un avec qui sortir...

» Je n'avais pas une seule camarade, et la proposition de Bérard me souriait beaucoup.

» J'en parlai à mon père qui ne vit aucun inconvénient à me laisser fréquenter madame Bérard ; — cette jeune femme passait à la vérité pour être un peu légère et coquette, mais on ne disait pas de mal de sa conduite, et d'ailleurs mon père, accoutumé à me voir vivre dans un estaminet au milieu d'une foule de jeunes gens, n'y regardait pas de si près.

» Angéline vint dès le lendemain.

» La liaison n'était pas difficile à commencer, car madame Bérard et moi nous nous connaissions de vue, et, quand nous nous rencontrions dans la rue, nous ne manquions point de nous saluer en souriant, — seulement nous ne nous étions jamais parlé.

» Je reçus Angéline de mon mieux : — au bout de cinq minutes de conversation on eût dit que nous nous connaissions depuis dix ans, tant nous étions bonnes amies.

» Angéline était une jolie petite femme, plus âgée que moi de cinq ou six ans, très-bien faite quoiqu'un peu grasse ; — elle avait beaucoup de gorge, — beaucoup de hanches, — beaucoup de tout ; — elle avait des bras superbes, — des mains passables, — de vilains pieds, — une peau magnifique, blanche comme du lait et sans une tâche de rousseur.

» Sa figure n'offrait rien d'extraordinaire, — c'étaient des traits chiffonnés, — un petit nez drôle, — une bouche un peu grande, mais avec de belles dents et des lèvres fraîches, — un menton trop rond, mais marqué d'une fossette.

» Ses yeux, par exemple, étaient admirables et devaient faire sur les hommes l'effet d'une étincelle dans un sac de poudre.

» Ils étaient très-grands, toujours langoureux, et d'un bleu foncé qui les faisait ressembler au velours. — Angéline avait une manière de regarder que je n'ai jamais vue qu'à elle et à une actrice que vous connaissez et qui a été jeune autrefois, à ce qu'il paraît... la vieille Ève du Vaudeville ; — elle abaissait à moitié ses paupières et elle coulait par-dessous, entre ses grands cils, un regard qui semblait dire... — mais dans ce temps-là je ne comprenais pas bien ce que semblait dire ce regard...

» La coiffure d'Angéline donnait à sa physionomie un caractère particulier.

» Ses cheveux, très-épais et d'un joli châtain foncé, avaient été coupés courts deux ou trois ans auparavant, — ils se bouclaient tout autour de sa tête et tombaient sur son cou qui ressemblait pour la blancheur à une feuille de lis.

» Angéline était excessivement élégante et portait toujours des robes de soie qui venaient de Paris... »

. . . .

Ici, pour la seconde fois depuis le commencement de son récit, Jane s'interrompit, et s'adressant à ses trois auditeurs, mais plus spécialement au journaliste, elle dit :

— Georges, une question !

— Deux, si tu veux, ma chère belle...

— Qu'est-ce que tu crois qu'il y a de plus dangereux pour les jeunes filles ?...

— Le gazon, — répondit Georges en riant, — tu sais la vieille chanson, ma chère :

<blockquote>
Il est plus dangereux de glisser
Sur le gazon que sur la glace !...
</blockquote>

— Tu plaisantes toujours ! — voyons, réponds-moi sérieusement...

— Eh bien, les moralistes s'accordent à déclarer que ce qu'il y a de plus dangereux pour une jeune fille, c'est l'amour...

— Vrai, ils disent cela?

— Exactement. — Est-ce que ce n'est point ton avis?

— Mon avis est que les moralistes dont tu parles sont des imbéciles...

— Bah ! — s'écria le journaliste en riant plus fort.

— Oui, mon cher, de vrais imbéciles et qui n'entendent rien aux femmes !...

— Eh bien, voyons, expose-nous ton petit traité de philosophie...

— Je ne sais pas si c'est de la philosophie, — mais ce que je sais bien, c'est que ce n'est pas l'amour qui perd les trois quarts des jeunes filles...

— Qu'est-ce que c'est donc ?

— Ce sont les autres femmes, mon bon. — Une jeune fille est innocente, je suppose, — comme je l'étais, moi, au temps où se passait ce que je raconte... — Qu'est-ce que lui disent les amoureux ? — Ils chantent, sur tous les tons : *Aimez-moi!*... — C'est très-bien, — ça peut tourner la tête et le cœur, je ne dis pas le contraire et on en a vu des exemples... — mais souvent la jeune fille songera plus à rire des déclarations et à s'en amuser qu'à toute autre chose.

— Tandis qu'une amie intime lui fourrera dans l'esprit un tas d'idées que les amoureux ne penseraient bien certainement pas à y mettre... et ces idées-là, tu peux m'en croire, font plus de mal que tout le reste...

— Tiens ! tiens ! — dit Georges, — mais il y a du bon sens au fond de cette petite tête-là !...

— On dirait que ça te surprend ?

— En aucune façon, ma chère belle ; — seument, comme tu es assez jolie pour avoir le droit de déraisonner, je pensais...

— Tu pensais, mon bon, que j'usais de ce droit-là?
— A peu près.
— Eh bien, tu te trompais, voilà tout.
— J'en conviens ; — mais il est une chose au sujet de laquelle je suis certain de ne pas me tromper...
— Voyons? quelle est cette chose ?
— C'est que ce rôle d'amie funeste dont tu parlais, Angéline Bérard le jouait auprès de toi, et que c'est au souvenir de cette aimable personne que tu viens de faire allusion... — Est-ce vrai, cela, petite Jane?

La débutante frappa dans ses mains.

— Ah! c'est incroyable! — fit-elle, — il devine tout, ce garçon-là!... ce que c'est pourtant que d'avoir de l'esprit!!...

Georges s'inclina en souriant.

Jane reprit :

— Ma foi, oui, je le soutiens, Angéline m'a fait plus de mal, à elle toute seule, que deux cents amoureux!... — Les déclarations des étudiants et des officiers, je m'en moquais, et quand ils avaient le dos tourné je n'y pensais plus... — Mais ce que me disait Angéline je ne m'en moquais pas, et, quoique cela m'épouvantât un peu d'abord, et peut-être même à cause de cela, je ne pouvais pas m'empêcher d'y penser sans cesse... — Même la nuit, quand je dormais, je rêvais encore à tout ce que j'avais entendu...

— Enfin, — demanda Georges, — que te disait-elle donc de si terrible ?...

Jane haussa légèrement les épaules.

— Des bêtises ! — reprit-elle ensuite ; — et ce n'est pas seulement la peine que je vous les répète, — ça ne vous ferait pas d'effet... vous en avez entendu bien d'autres... — Mais moi j'étais une vraie gamine, qui ne me doutais de rien du tout, et ça me bouleversait l'âme et le corps... — Elle me disait qu'il n'y avait au monde que deux choses qui puissent rendre une femme heureuse : — l'argent et la liberté, — et que, quand on était jeune et belle, on était toujours sûre d'avoir l'un et l'autre tant qu'on le voudrait. — Elle me disait qu'une jolie femme ne devait jamais rien aimer, — qu'en devenant amoureuse elle se *cassait le cou* tout net... — Qu'il fallait jouer la comédie avec les hommes et se servir d'eux pour ses plaisirs et pour arriver à faire fortune ; — que les jolies filles étaient bien *dupes* de rester honnêtes, car ça ne leur profitait point et personne ne leur en savait gré ; — que la pire de toutes les sottises qu'on pouvait faire c'était de se marier, attendu que, lorsqu'on s'était donné un maître, il fallait *rater la fortune*, même si elle venait s'offrir à vous...

« A cela je lui répliquais qu'elle n'avait pas toujours pensé autant de mal du mariage, puisqu'elle s'était mariée elle-même...

» Quand je lui disais cela, elle se mettait à rire, et ne répondait ni oui, ni non.

» Elle ajoutait encore bien d'autres choses que ça vous ennuierait d'entendre et que ça ne m'amuserait pas de répéter, — et tout cela me bouillait dans la tête comme dans une chaudière, et il y avait des moments où, en pensant un peu longtemps de suite à ces paroles et à ces conseils, je sentais positivement un vertige pareil à celui qui vous prend quand on est monté en haut d'un clocher et qu'on voit au-dessous de soi un abîme...

» Et, à force d'être endoctrinée par Angéline, j'avais fini par penser comme elle au sujet de bien des choses.

» Seulement, je n'avais pas envie d'avoir de l'argent, je ne me rendais pas bien compte de toutes les jouissances du luxe, je ne songeais pas du tout à prendre des amants pour les exploiter, et je rêvais simplement un amoureux dont je serais folle...

» Qu'est-ce que vous voulez, — ma *toquade* était de devenir amoureuse comme on le devient dans les romans !

» Vous pensez peut-être que, vivant au milieu d'une soixantaine de jeunes gens, je n'avais guère que l'embarras du choix.

» Eh bien ! c'est ce qui vous trompe : — depuis que j'étais revenue chez mon père, je m'étais si bien accoutumée à toutes les figures de nos habitués, que pas un d'entre eux, même le plus joli garçon, ne me faisait le moindre effet... — Je me serais, je crois, plutôt passée d'amoureux toute ma vie que d'en choisir un parmi les clients du café du Cercle...

» C'est peut-être bête, ce que je vous dis là, — mais, que voulez-vous, c'est comme ça ; — je n'invente pas, je me souviens, et vous devez bien voir, vous qui vous y connaissez, que tout ce que je vous raconte est vrai.... »

Sur l'assurance donnée par Georges, par Claudia et par Vignette, qu'ils étaient parfaitement satisfaits de la narratrice et de la narration, Jane reprit :

— Dijon est une ville comme toutes les petites villes de province.

» On est libertin, — mais on est hypocrite, — deux vices à la place d'un seul !

» On veut s'amuser, — mais on se cache.

» A moins de se moquer du scandale et du *qu'en dira-t-on*, on ne peut pas afficher une maîtresse.

» Ce qu'on appelle à Paris : *femme entretenue*, n'existe pas à Dijon.

» Si un banquier quelconque avait une maîtresse avouée, et si, par exemple, il lui donnait une voiture, l'indignation vertueuse du public casserait les vitres de la voiture à coup de pierres et jetterait de la boue sur la femme...

» Les gens riches s'arrangent parfaitement de cette manière de voir.

» Tout autour de la ville, — surtout du côté de la rivière d'Ouche, — il y a une vieille promenade, plantée de grands arbres et où personne ne se promène, excepté les amoureux et les *tourlourous*.

» On appelle cette promenade : *les Remparts*.

» De loin en loin, le long des Remparts, se trouvent de petites maisons, hautes d'un seul étage, avec des volets gris ou des persiennes vertes.

» Les richards de Dijon, — les viveurs de cinquante-huit à soixante-sept ans, — louent ces petites maisons, toutes meublées ; — ils y vont en *catimini* donner des coups de canif dans le contrat, et ils y reçoivent des petites couturières à qui ils accordent libéralement soixante francs par mois.

» Vous comprenez que ça leur fait une fameuse économie, à ces vieux drôles, et qu'à ce prix-là dix ou douze maîtresses leur reviennent moins cher qu'une seule qu'il faudrait entretenir sur un certain pied.

» Quelques-uns, — mais ceux-là passent pour de véritables phénomènes de générosité et de prodigalité et sont aussi rares que le loup noir et le merle blanc, — achètent à leur bien-aimée un petit magasin de modes ou de rubans, et à cette première munificence ajoutent quelques louis, de temps à autre, quand il s'agit de payer un billet. — Ce sont de vieux garçons qui ont quarante mille livres de rentes et pas de famille.

» Dans ce temps-là, il y avait à Dijon un homme dont on s'occupait beaucoup.

» Il appartenait à la catégorie des vieux garçons, et s'appelait le marquis de C***.

» Il était immensément riche et passait pour avoir soixante-dix ans passés.

» Jamais, au grand jamais, je n'ai vu une figure et une tournure aussi originales que celles du marquis de C***, — on disait qu'il avait été superbe autrefois, et c'est bien possible, mais de son ancienne beauté il ne lui restait rien, et même moins que rien.

» Figurez-vous une momie vivante, habillée à la dernière mode, avec de faux mollets et de fausses hanches dans des pantalons collants gris perle, — avec des gilets paille et de petites redingotes courtes dont une rose ou un œillet en été et un camélia en hiver ornaient éternellement et invariablement la boutonnière.

» Le marquis avait un visage lisse et brillant, sur lequel on ne voyait aucune ride, mais dont les traits n'étaient point à leur place naturelle; — voici pourquoi:

» Tout les matins, le valet de chambre de M. de C*** prenait à deux mains la peau flasque et pendante des joues de son maître, — la tirait fortement en arrière et l'assujettissait sur la nuque au moyen d'un mécanisme fort ingénieux.

» Le marquis, ensuite, teignait ses moustaches, —

mettait son faux toupet, — s'ajustait des sourcils en peau de taupe, — assujettissait son râtelier osanore, véritable Willams Rogers (— ne pas confondre avec l'autre charlatan d'en face —), se peignait les joues avec du blanc liquide et du rouge végétal, — posait son chapeau sur l'oreille droite, — mettait de l'or dans ses poches, — allumait un cigare qui le faisait tousser jusqu'au sang et cracher ses poumons comme un malheureux vieux qu'il était, — se gantait, prenait son *stick*, pour parler à la façon des gentlemen-*ridés*, et s'en allait, tout en chancelant et en trébuchant, se faire admirer sur les trottoirs.

» Chaque fois qu'il passait sur la place d'Armes et devant le café du Cercle, tous les jeunes gens quittaient leurs divans et couraient aux vitres pour le regarder passer.

» On avait beau le voir tous les jours, sa présence faisait le même effet que celle des masques, le mardi-gras.

» Une des prétentions du marquis était d'être dangereux autant qu'un vrai Faublas.

» J'imagine que ce n'était qu'une prétention, — mais il se regardait véritablement comme un roué des plus terribles, et beaucoup de gens partageaient naïvement cette opinion.

» Il est de fait que le marquis, — à ce qu'on disait, — avait une petite maison somptueusement meublée sur les Remparts, — qu'une vieille cuisinière, — cordon-bleu célèbre, — en était la gardienne, et que le marquis donnait de temps à autre à quelques intimes de petits soupers régence.

» M. de C*** passait pour être généreux jusqu'à la prodigalité.

» On affirmait que le budget de ses dépenses amoureuses s'élevait à plus de vingt-quatre mille francs par an. — Or, à Dijon, une pareille somme, employée de cette façon, représente au moins cent mille écus à Paris...

» Jugez!...

» A tout le monde, le marquis semblait ridicule.

» A moi, il faisait peur.

» Le spectacle de cette vieillesse chancelante et fardée, — décrépite et rajeunie, — m'épouvantait.

» M. de C*** me faisait l'effet d'un mort qu'on aurait oublié d'enterrer, et qui profiterait de la distraction des fossoyeurs.

» Il me semblait qu'il devait sentir le cercueil, — et je vous assure que, s'il m'avait fallu me trouver seule avec lui dans une chambre, je me serais évanouie de frayeur. »

V

LA MOMIE VIVANTE

— Oh! vérité! vérité, — s'écria Georges joyeusement et d'un ton dithyrambique, — que tu es belle et grande, et comme tu grandis tout ce qui te touche!... — Voilà cette jolie Jane, — une charmante enfant, mais qui n'est pas bien forte et qui ne fait point, d'habitude, concurrence à La Bruyère; — eh bien! sous ta dictée, ô vérité sublime! elle vient, du bout de sa langue rose changée en pinceau magistral, de tracer un vivant portrait qu'aucun de nous, les roués du style, ne refuserait de signer!...

La débutante regarda le journaliste, pour voir s'il venait de parler sérieusement, — ou si, par hasard, il se moquait d'elle.

Sans doute la physionomie de Georges la rassura

à cet égard, car elle demanda en riant, et en parodiant le fameux *Bilboquet* des *Saltimbanques :*

— Ainsi, monsieur et madame le maire *est* content...

— Plus que content, baigneuse idéale!... — stupéfié!... — ravi!... — transporté d'un enthousiasme atteignant les proportions du délire!... — Continue ainsi, fille de mon cœur, et je te promets ma bénédiction, dont tu te feras un abri pour tes vieux jours!...

— Quel *blagueur* tu es, mon bon!...

— Je me tais, — mais à condition que tu souriras, mon rat!... oh! oui, souris!... j'aime tant les souris de mon rat!

Cet absurde jeu de mots à triple compartiment obtint un succès d'estime.

Puis Jane reprit :

— Je vous ai dit que les salons de coiffure et le magasin de parfumerie de Paul Bérard étaient situés sur la place d'Armes, à l'angle de la rue Vauban.

» Nous étions, à peu de chose près, porte à porte.

» Aussi, depuis ma grande intimité avec Angéline, cette dernière venait dix fois par jour causer avec moi, au comptoir, et, aussitôt que je me trouvais libre un moment, je courais chez elle.

» Un jour, — un samedi, — dans la soirée, j'avais je ne sais plus quoi à demander à Angéline, — je priai mon père de me remplacer un moment dans mes fonctions de teneuse de livres, et je me dirigeai rapidement vers le magasin des Bérard.

» Au moment où j'ouvris la porte vitrée, quelqu'un qui me tournait le dos causait vivement avec Angéline, toute seule derrière son comptoir.

» La conversation s'arrêta court.

» L'interlocuteur de mon intime amie se retourna et je reconnus, non sans un petit frisson, le marquis de C***.

» Je fis un pas pour sortir et je dis vivement :

» — Je reviendrai plus tard...

— Non... non... — me répondit Angéline, — reste, je t'en prie... M. le marquis vient de terminer ses emplettes...

» Mon amie et moi, — comme vous le voyez, — nous en étions arrivées au tutoiement.

» Je n'osai m'en aller et je restai immobile à la place où j'étais.

» Le marquis de C*** se tourna, tout d'une pièce, de mon côté.

» Il prit du bout de ses doigts gantés de gants *clair de lune* un petit lorgnon de cristal, suspendu à un ruban moiré noir qui tranchait sur la blancheur éclatante de son gilet.

» Il ajusta ce lorgnon sur son œil droit où il le maintint par une affreuse contraction des muscles, et il se mit à me regarder avec une persistance incroyablement impertinente.

» Je sentis le rouge me monter aux joues et au front.

» J'entendis le marquis murmurer, du bout de ses fausses dents, en grasseyant :

» — Charmante!... charmante!..., — oui, le diable m'emporte, charmante!...

» Puis il se retourna, — toujours tout d'une pièce, — vers Angéline, et, me désignant du bout de son stick, l'abominable vieux demanda :

» — Qui donc?...

» — Mais, — répondit mon amie, non sans un peu d'hésitation, car elle voyait bien que la question du marquis me contrariait vivement, — c'est mademoiselle Jane Maclet, du café du Cercle...

» — Un cœur!... un joli cœur!... — parole!... dit le vieux en grasseyant plus que jamais, — un trésor!... un amour!... ah! charmante!...

» Ceci dit, — ou plutôt murmuré, — le marquis sembla ne plus s'occuper de moi, à ma grande joie.

» Seulement il échangea avec Angéline les paroles suivantes :

» — L'heure? — demanda-t-il.

» — Neuf heures cinq minutes, — répondit mon amie.

» — Exactement?

» — Oui.

» — Sûr?

» — Oui.

3.

» — Bon.

» Ensuite il se dirigea vers la porte, — agitant mécaniquement ses longues jambes raides dont son pantalon collant rembourré ne dissimulait qu'à peine la maigreur.

» En passant à côté de moi il étendit tout à coup sa main gantée, qui puait le musc, et me prit le menton, en répétant:

» — Charmante!...

» Je me jetai en arrière si vivement que je faillis briser une grande glace formant un des panneaux de la boutique.

» Le marquis se mit à rire, — comme rient les crécelles des enfants pendant la semaine sainte en province.

» Il sortit et referma la porte.

» Mais il était déjà sur le trottoir que je l'entendais encore murmurer :

» — Un cœur!... — un joli cœur!... — un trésor!... — oh! parole!...

» — Ah çà, — me demanda Angéline en riant, — est-ce que tu deviens folle?

» — Moi?

» — Oui, toi.

» — Pourquoi donc?

» — Quand le marquis t'a touché le menton, on aurait dit que tu avais peur!...

» — Et on aurait bien fait de le dire, car c'était vrai.

» — Il ne t'aurait cependant point étranglée...

» — C'est probable, mais j'aimerais mieux approcher un crapaud. — Il me répugne, ce vieux, avec sa figure peinte et sa peau attachée derrière la tête...

» — Je ne te dis pas qu'il soit beau, — mais c'est un homme bien utile...

» — Utile à qui? utile à quoi?

» — Aux femmes, donc! Il est si riche et si généreux!

» —Franchement, je souhaite du courage à celles qui profitent de sa générosité.

» — Bah! idées d'enfant, ma chère!... un homme comme celui-là, quand on sait le prendre, on en fait tout ce qu'on veut...

» —C'est facile lorsque, comme moi, on n'en veut rien faire du tout... Mais, à propos, pourquoi donc tout à l'heure, lorsque le marquis t'a demandé l'heure, lui as-tu répondu : *Neuf heures cinq minutes?* — Il n'est pas encore huit heures.

» — C'est parce que je dois envoyer chez lui ce soir des gants et de la parfumerie qu'il vient d'acheter; — je lui ai dit qu'il recevrait tout cela à neuf heures cinq minutes au plus tard...

» C'était si simple qu'il n'y avait rien à ajouter.

» Je passai encore un instant avec Angéline, — puis je la quittai en lui demandant :

» — Viendras-tu ce soir?

» — Non.

» — Tu seras occupée?

» — J'ai des comptes à faire, — des factures à mettre au net, et cela me tiendra bien tard...

» — Eh bien! à demain...

» — A demain.

» Le lendemain était un dimanche, et, tous les dimanches, mon père me laissait libre de quitter le café et d'aller me promener avec Angéline et son mari.

» Nous allions au Parc, — ou dans la campagne; — nous emportions des provisions et nous faisions des petits dîners sur l'herbe.

» Seulement une chose m'ennuyait, c'est que, depuis quelque temps, Paul Bérard reprenait l'habitude de chercher à m'embrasser toutes les fois que sa femme ne le voyait pas.

» Je n'osais me plaindre à Angéline, de peur d'amener des disputes entre le mari et la femme, et je vous répète que cela me contrariait singulièrement.

» Je n'étais qu'une pauvre petite *cafetière*, et cependant un coiffeur, avec ses peignes et sa pommade, me semblait de beaucoup, — oh! mais, de beaucoup, au-dessous de moi... »

— Aristocrate! — interrompit Georges en riant.

— Voilà comme je suis, mon bon.

— Vienne une république rouge, ma chère,

et l'on te coupera la tête — avec des ciseaux de coiffeur...

— Couper cette jolie tête-là!... — dit Jane, — allons donc! — ce serait trop grand dommage! — on ne trouverait point de bourreau!...

— Espérons-le pour toi, — et, — en attendant que le *rasoir national* menace ton cou charmant, — continue, ma gentille *aristo*...

Jane reprit :

— Je ne sais pas si je vous ai dit que c'était un samedi soir que j'avais rencontré le marquis de C*** dans la boutique d'Angéline?...

— Tu nous l'as dit, — répondit Georges.

— Dans ce cas, il est à peu près inutile de répéter que le lendemain de ce samedi était un dimanche...
— Or, ce dimanche-là, — à l'heure où il n'y avait presque personne dans le café, et au moment où mon père venait de sortir, — Angéline entra et vint s'asseoir à côté de moi sur l'espèce de *sofa* qui se trouvait derrière le comptoir.

» Deux habitués jouaient aux dominos dans un coin; — sans leur présence, nous eussions été seules.

» Angéline tenait à la main un paquet de petits carrés de carton, à peu près pareils aux contremarques que l'on donne dans les théâtres.

» — Jane, — me dit-elle, — tu vas faire prendre à

messieurs les habitués du café du Cercle des billets de loterie, et tu m'en prendras aussi pour toi...

» — Qu'est-ce que c'est que cette loterie? — demandai-je.

» — C'est une bonne action...

» — Vraiment?

» — Oui.

» — De quoi s'agit-il?

» — De soulager une famille à laquelle je m'intéresse beaucoup... — de braves gens qui étaient riches et qui viennent d'être ruinés comme par enchantement...

» — Des gens d'ici?

» — Non, de Paris. — Ils m'ont écrit. — Il y a une jeune femme mariée depuis quinze jours. — Pour venir en aide à ses parents, elle met en loterie sa montre, sa chaîne et ses boucles d'oreilles de noces... — Deux cents billets à deux francs, — ça fait quatre cents francs, et c'est pour rien, car la montre seule vaut cela...

» — Est-ce que tu as les objets?

» — Oui.

» — Fais-les-moi voir...

» Angéline tira de sa poche un écrin en chagrin noir, qu'elle ouvrit.

» Il y avait dans cet écrin une ravissante petite montre plate, émaillée en bleu.

» La châtelaine était également émaillée, et, dans

chaque chaînon, un petit saphir se trouvait incrusté.

» Les boucles d'oreilles, — toutes constellées de saphirs, — complétaient la parure.

» Je n'avais jamais rien vu d'aussi joli.

» Je poussai un cri d'admiration.

» — Tu voudrais gagner ? — me demanda Angéline en souriant.

» — Certainement, je le voudrais.

» — Eh bien, c'est facile.

» — Comment, c'est facile ?

» — Oui.

» — Et, que faut-il faire pour cela ?

» — Prends un billet.

» — Et je gagnerai ?...

» — Je n'en suis pas certaine, — mais je le parierais...

» — Gagner presque à coup sûr avec un billet sur deux cents !... — tu te moques de moi, ma chère !

» — Ma foi, non ; — je dis ce que je pense et ce que je crois...

» — Alors tu es sorcière et tu sais d'avance le numéro qui sortira ?...

» — Dans tous les cas, ma sorcellerie n'a rien d'effrayant.

» — Eh bien ! je prendrai trois billets...

» — Un, c'est assez...

» — On dirait que tu as plus de confiance en *un* qu'en *trois !*...

» — C'est possible...

» — Mais pourquoi ?

» — Je serais bien embarrassée de te le dire, — une idée à moi... — une superstition...

» — Va pour un seul...

» — Lequel prends-tu ?

» — Je ne sais, — aide-moi à choisir...

» — Ah ! non, par exemple !... — ce serait tout compromettre !...

» — Comment cela ?

» — Le choix du billet, — pour être bon, — doit être une affaire d'inspiration...

» Je réfléchis pendant un instant.

» Puis je pris le billet qui portait le n° 17.

» Angéline sourit.

» — Pourquoi as-tu pris ce numéro-là ? — me dit-elle ensuite.

» — Parce que c'est le chiffre de mon âge.

» — Je pense que tu as bien fait ; — d'ailleurs nous verrons...

» — Quand se tirera la loterie ?

» — Aussitôt que les billets seront placés.

» — C'est un peu vague.

» — Oh ! cela ira vite ; — tous les clients de Bérard me prendront des billets ; — peut-être que demain il ne m'en restera plus...

» — Et où se fera le tirage ?

» — Chez moi, — devant ceux qui voudront y assister. — Charge-toi de placer une vingtaine de billets...

» Le même soir les vingt billets étaient placés.

» Le lendemain, Angéline m'apprit qu'il ne lui restait plus que vingt-cinq billets.

» Le surlendemain elle m'annonça qu'elle venait de se défaire du dernier, et elle m'invita à assister au tirage qui devait avoir lieu le jour suivant, à deux heures précises.

» Malgré les pressentiments d'Angéline et son assurance, j'étais parfaitement convaincue que je ne gagnerais pas la montre.

» Aussi je ne voulus point me déranger; — mais, comme ce joli bijou me faisait prodigieusement envie, je dois avouer que le cœur me battait très-fort.

» A deux heures dix minutes, la porte du café s'ouvrit violemment et Angéline entra comme une trombe.

» Elle agitait en l'air un petit papier roulé.

» — Eh bien ! — s'écria-t-elle, — qu'est-ce que je disais?... — le voilà !... il est sorti !...

» — Quoi?... qu'est-ce qui est sorti?

» — Le bon numéro !... — notre numéro !... — Le fameux 17 !...

» Je n'en pouvais croire mes oreilles.

» Il me paraissait impossible, complétement impossible d'avoir gagné !...

» Je fis redire trois fois à Angéline cette heureuse et invraisemblable nouvelle.

» Plus elle me répétait que j'avais choisi le seul bon numéro, sur deux cents, et moins la chose me paraissait admissible.

» Enfin Angéline tira l'écrin de sa poche.

» Elle mit à mes oreilles les anneaux de saphirs.

» Elle ajusta à mon corsage la petite montre et la châtelaine.

» Il fallut bien, alors, me rendre à l'évidence, — je ne doutai plus, et je faillis réellement devenir folle de plaisir.

» C'était la première grande joie qui me fût arrivée dans ma vie.

» Je ne désirais rien au monde autant qu'une montre, et je ne pouvais en espérer une aussi ravissante que celle-là!...

» Ou Angéline était véritablement sorcière, ou elle m'avait porté bonheur!...

» Malgré la présence de quelques-uns de nos habitués, je me mis à danser en chantant, dans le café, comme une petite fille à laquelle on vient de donner un jouet qu'elle ambitionnait depuis longtemps.

VI

EXPLICATION

» Au bout d'une semaine ma joie était aussi vive, aussi folle que le premier jour, et ce n'est pas dix ois, c'est cent fois par heure que je regardais ma montre ; — je crois que j'aurais mieux aimé tomber dangereusement malade que de me séparer de ce bijou.

» — Tu tiens donc bien à ce *bibelot?*... — me demanda Angéline en riant.

» — Si j'y tiens !... — j'y tiens plus qu'à un de mes doigts, et autant qu'à la prunelle de mes yeux !...

» — Vraiment?
» — Mon Dieu, oui.
» — Ah ! ma fille... si tu voulais...
» — Eh bien ! si je voulais?...

» — Je ne sais pas si je dois te dire...
» — Va toujours.
» — Tu n'aurais qu'à te fâcher ensuite...
» — Eh! non, je ne me fâcherai pas.
» — Bien sûr?
» — Je te le promets.
» — Quoi que je te dise?
» — Oui, quoi que tu me dises. — Seulement, dépêche-toi...
» — Eh bien! si tu voulais, tu serais bien vite couverte de bijoux dont le moindre serait plus beau que celui-là...
» — Quelle bonne plaisanterie!...
» — Rien n'est plus sérieux.
» — Et, où donc voudrais-tu que je les vole, ces bijoux?...
» — Tu ne les volerais pas.
» — Alors, ils me tomberaient du ciel?
» — Pas davantage.
» — Enfin, d'où viendraient-ils?
» — On te les donnerait.
» — Qui ça?
» Angéline ne répondit point à cette question.
» Elle reprit:
» — Et ça ne serait rien encore, que cela... — tu aurais de l'argent à n'en savoir que faire, et les plus belles toilettes du monde, — tu irais à Paris, — tu serais maîtresse dans un bel appartement, dont les

meubles t'appartiendraient, — avec des domestiques en livrée, des voitures et des chevaux.

» Je me mis à rire.

» — Mais c'est un conte des *Mille et une Nuits* que tu me racontes là !... m'écriai-je.

» — Il ne faurait pas mille et une nuits pour avoir tout cela, — répondit Angéline. — Voyons, raisonnons un peu...

» — A propos de quoi ?

» — A propos de ton avenir.

» — Mon avenir ; mais je ne m'en occupe jamais !

» — Et tu as grand tort, ma petite, c'est moi qui te le dis...

» — Et, quand je m'en occuperais, — repris-je, — je n'y pourrais rien changer.

» — Voilà justement ce qui te trompe ! — Revenons à nos moutons ; — quelle est ta position actuelle ? — Demoiselle de comptoir dans un café, ça n'est pas le Pérou !... quoique le café appartienne à ton père. — Que peux-tu espérer plus tard ? — Pas grand'chose. — Le bonhomme Maclet ne roule point sur l'or, et vous serez deux à partager. — Mettons que tu gardes le café, tu épouseras quelque butor qui te fera passer ta vie à tenir des livres, comme maintenant, et à voir des officiers et des étudiants boire et fumer, — ça n'est pas gai. — On étouffe dans cette atmosphère de tabac et d'absinthe !... — Quant à ton cœur, qu'en feras-tu ? — Un de ces quatre matins, tu le donneras à quelque galopin sans le sou, et alors ton père, qui n'est ni tendre ni commode, te mettra très-probablement à la porte. — Au lieu de cela, moi, je te propose une existence de luxe et de plaisirs, — la seule qui convienne à une jolie femme!... — Je te propose Paris, — ses bals, — ses spectacles, — avec beaucoup d'argent à dépenser pour satisfaire tes moindres caprices, et les plus jolis galants du monde à tes pieds... C'est à toi de te décider et de faire un choix entre ces deux avenirs...

» La longue tirade d'Angéline, débitée avec une volubilitée surprenante, m'avait étourdie et comme grisée.

» Je fus un petit moment avant de pouvoir répondre.

» — Mais enfin, — lui demandai-je, — qu'est-ce que ça veut dire, tout ça?... — Tu m'offres de bien belles choses... — ce n'est pas toi, j'imagine, qui te chargeras de mes les donner. — Si elles étaient à ta disposition, tu commencerais par les garder.

» — Tu as parfaitement raison, ma chère, — ce que je promets, c'est un autre qui le tiendra.

» — Encore une fois, qui donc?

» — Quelqu'un qui t'aime passionnément...

» — Ce quelqu'un doit avoir un nom?

» — Naturellement.

» — Eh bien! ce nom, ne peux-tu me le dire?

» — J'hésite... j'hésite...

» — Pourquoi ?

» — Parce que tu vas pousser des cris, et que tu feras l'insigne folie de m'envoyer promener.

» Angéline commençait à m'impatienter singulièrement avec ses éternelles réticences.

» — Eh bien ! — lui dis-je un peu vivement, — puisque le nom de cet amoureux prétendu est un impénétrable mystère, garde le secret et n'en parlons plus.

» Elle se décida aussitôt :

» — Tant pis ! — me répondit-elle, — tu ne me mangeras pas, après tout !... Celui qui t'aime et qui t'offre une fortune est le marquis de C***.

» Ma parole d'honneur, il me sembla qu'Angéline venait de me mettre dans la main quelque reptile froid et venimeux, — un frisson de dégoût courut dans mes veines et me fit froid autour du cœur.

» Sans doute ma physionomie exprima clairement toute la répulsion que j'éprouvais, car Angéline murmura :

» — La ! vois-tu !... j'en étais bien sûre ! — Il ne manque plus maintenant que de m'en vouloir et de me détester parce que je désirerais faire ton bonheur.

» — Je ne t'en veux pas le moins du monde, — répliquai-je, — et je ne te déteste point ; — seulement écoute bien ma réponse : — Je ne sais ce que je deviendrai un jour, — je ne sais si je serai heureuse ou malheureuse, pauvre ou riche... — mais ce que je sais bien, c'est que, dussé-je aller de porte en porte, en haillons, demander un sou et un morceau de pain, je préférerais cent fois ce métier de mendiante à des montagnes d'or avec le marquis de C***. — Il n'y a dans le monde entier qu'un seul homme qui me fasse horreur, et c'est lui... — Il me couvrirait de bijoux, — disais-tu tout à l'heure, — eh! ma chère, un bijou venant du marquis me brûlerait la peau !...

» — Ah bah ! — répondit Angéline en ricanant, — c'est une idée que tu te fais !

» — Ce n'est pas une idée, — c'est une certitude.

» — Alors, ma chère enfant, je te conseille d'ôter bien vite tes boucles d'oreilles, ta châtelaine et ta montre ; — tu sens le roussi à faire peur...

» Je regardai Angéline d'un air stupéfait.

» — Pourquoi me dis-tu cela ? — lui demandai-je.

» — Parce que c'est la vérité.

» — Tu sais bien que non... tu sais bien...

» Angéline m'interrompit :

» — C'est toi qui ne sais pas, — fit-elle, — tous ces bijoux que tu aimes tant, viennent du marquis qui me les a donnés pour toi.

» — Mais cette loterie ?

» — Une *banque* de mon invention, ma chère.

» — Impossible !...

» — Allons, tu es plus incrédule que feu saint Thomas, mon enfant !... — Je te répète que j'ai imaginé la loterie, parce que c'était le seul moyen, dans ce moment-là, de te faire accepter les *bibelots*... et que, d'ailleurs, nous n'aurions su comment expliquer au bonhomme Maclet un semblable cadeau...

» Je n'étais pas encore convaincue.

» — Cependant, — repris-je, — cette loterie, on l'a tirée?

» — Sans doute.

» — Je pouvais parfaitement ne pas gagner...

» — Impossible !...

» — Comment?

» — J'avais mis bon ordre aux caprices du hasard; il n'y avait dans le sac que des numéros 17.

» — Mais alors, l'argent des billets que tu as placés?

» — Je l'ai gardé pour mon droit de commission.

» — C'est un vol!...

» — Un vol!... allons donc!... — Tu as des expressions étonnantes, ma chère!... c'est une pure et simple *carotte!*... la plus innocente de toutes les carottes!... — Est-ce que ce bétail qu'on appelle *les hommes* n'a pas été créé et mis au monde pour être exploité par les femmes?

» L'action d'Angéline continuait à ne point me paraître très-délicate, mais je n'osais plus rien dire.

» Elle reprit :

4

» — Tu vois bien que les bijoux du marquis ne brûlent pas la peau, et, à ta place, je me déciderais à laisser faire ma fortune...

» — Jamais de cette manière-là ! — m'écriai-je.

» Et j'ajoutai, — quoique ça me fît bien mal au cœur :

» — Je vais même te rendre la montre et les boucles d'oreilles ; — je ne veux pas les garder, maintenant que je sais d'où elles viennent...

» — Ah ! par exemple, — répliqua Angéline, — voilà une bêtise !... — En me chargeant de te faire accepter ces *broutilles*-là, le marquis n'a posé aucune condition... — Fais du reste ce que tu voudras ; garde ou renvoie ces *biletots*, ça te regarde, mais moi je ne m'en mêle pas. — Je te conseille cependant, avant de t'en défaire, de te précautionner d'une histoire vraisemblable pour expliquer à ton père ce que sont devenus ces objets auxquels tu paraissais tenir si fort...

» Ces derniers mots ébranlèrent ma résolution qui, franchement, n'était pas bien ferme.

» Je me décidai à garder la montre.

» Je le dis à Angéline. — Elle déclara que j'agissais en fille de bon sens, et que, — si je ne faisais point la folie de repousser ses offres, — je serais vraiment parfaite.

» — Mais, — lui demandai-je, — comment se fait-il que M. de G*** se soit adressé à toi ?...

» — Mon Dieu, c'est tout simple. — Le marquis, je te le répète, est éperdûment amoureux et prêt à tous les sacrifices. — Dans cet état-là on ne calcule rien, — on risque tous les moyens. — Il sait que je te connais et que je t'aime tendrement... — il m'a témoigné le plus ardent désir de faire ton bonheur, d'assurer ton avenir, et, comme il me semble que tu ne pourrais espérer mieux et que c'est pour toi un coup de fortune, j'ai consenti...

» — Tu as eu tort.

» — Songe donc que le marquis est vieux comme Mathusalem et n'a pas de famille !... — Si tu lui mettais une bonne fois le grappin dessus, il serait capable de te déclarer, par testament, sa légataire universelle...

» — C'est une chance qu'il faudrait payer trop cher...

» — Bah ! — Je ne prétends pas dire que cet antique soupirant soit un bien friand morceau, mais il a si peu de temps à vivre ! — C'est un moment à passer... — D'ailleurs, et rapporte-t'en à moi pour ça, ce n'est plus un homme que cet homme-là... c'est un souffle... — il ne t'ennuierait guère...

» Tout ceci ne me touchait pas.

» L'horreur et le dégoût que m'inspirait M. de C*** étaient plus forts que les plus beaux raisonnements du monde. — L'intérêt seul aurait pu me décider, et je ne savais pas encore ce que c'était que l'intérêt...

» Je l'ai appris depuis.

» Je dis à Angéline :

» — Veux-tu me faire un plaisir?

» — Un, — deux, — et dix, — tout ce que tu voudras...

» — Eh bien ! ne me parle plus de ton marquis ; — rien que d'entendre prononcer son nom, ça me cause une révolution...

» — Comme il te plaira, ma pauvre Jane, — n-i-ni, c'est fini !... — A partir de tout de suite, je ne t'en dirai plus un seul mot...

» — Merci d'avance.

» — Tu t'en mordras les pouces un jour; — mais, alors, il sera trop tard.

» — Tant pis pour moi...

» — Oui, tant pis pour toi, ma fille, — tant pis et cent fois tant pis !... tu feras peut-être bien des folies dans ta vie, mais jamais une autre de cette force-là !...

» Angéline avait peut-être raison.

» Mais il ne faut pas s'y tromper, ce n'est point mon intérêt qui la faisait agir... — je l'ai su depuis à n'en pouvoir douter.

» Elle était la maîtresse, — ou plutôt une des maîtresses du marquis.

» Le vieillard s'était trouvé avoir la tête complétement tournée de moi; — il avait promis à Angéline une somme de dix mille francs si elle me décidait à accepter ses propositions.

» Madame Bérard voulait gagner sa prime.

» Du reste, elle vit bien que j'aurais encore plus d'entêtement qu'elle n'aurait de persévérance, et, à partir de ce moment, elle cessa de me parler de M. de C***.

VII

LA TOUR DE NESLE

» Il y a un théâtre à Dijon, et même un grand et beau théâtre, mais on n'y joue pas pendant toute l'année. — La troupe des acteurs n'y donne des représentations que depuis l'automne jusqu'au mois d'avril, et encore pas tous les jours.

» Cette année-là, on disait que les comédiens qui venaient d'arriver étaient excellents; — il n'y avait eu personne de sifflé aux *débuts*, et je vous assure qu'en province c'est assez rare.

» Vous devez penser que j'avais une terrible envie d'aller au spectacle pour la première fois de ma vie; — je demandai à mon père la permission d'y passer une soirée avec Angéline.

» Il y consentit pour le dimanche suivant.

» C'était le jeudi. — Les deux derniers jours de la semaine me parurent longs comme des mois.

» Enfin ce bienheureux dimanche arriva.

» Dès le matin je courus regarder l'affiche à l'angle de la rue de la Liberté, pour voir ce qu'on jouerait le soir.

» L'affiche annonçait *la Tour de Nesle* et un vaudeville de M. Scribe.

» — Ah! le beau spectacle!... le beau spectacle!... — m'écriai-je, si haut que deux ou trois passants se retournèrent en riant.

» Pendant toute la journée je ne vécus pas; — je ne pouvais me tenir en place; — le petit sofa sur lequel j'étais assise derrière le comptoir me paraissait rembourré d'épines, — je ne savais ni ce que je faisais, ni ce que je disais; — quand on me parlait je n'entendais pas ou je répondais tout de travers.

» J'amusai beaucoup les habitués avec mes distractions, ce jour-là. — On me demandait de l'absinthe, je faisais servir de l'eau sucrée; — ou bien j'envoyais de la bière à celui qui désirait une demi-tasse.

» Dès trois heures de l'après-midi, ma toilette était faite et parfaite, et je vous prie de croire que j'avais mis ma plus jolie robe et que mon corset me serrait à m'étouffer.

» Il me fut impossible de dîner.

» Le spectacle commençait à six heures et demie. —

A cinq heures trois quarts je courus prendre Angéline. — J'avais si grand'peur que nous n'ayons pas de places, ou d'arriver après le commencement de la première pièce!...

» Je ne me doutais guère alors que je serais artiste un jour! — ajouta Jane en se rengorgeant. »

Puis elle reprit :

— Quand nous entrâmes dans la salle, il n'y avait pas encore vingt-cinq personnes; — l'orchestre des musiciens était vide et l'on allumait seulement le lustre et la rampe.

» Mais ça m'était bien égal! j'étais là, — ça suffisait à mon bonheur!...

» Nous nous installâmes, Angéline et moi, aux places qui nous semblèrent les meilleures : — c'était aux stalles d'orchestre, tout contre la séparation.

» La salle se garnit peu à peu, — comme se garnit une salle de province, qui n'est jamais pleine, à moins que la foule ne soit attirée par quelque grand acteur de Paris ou par des danseuses étrangères.

» L'orchestre *râcla* une ouverture; — on leva le rideau et on joua le vaudeville qui s'appelait, je crois, *Michel et Christine*, — un bien jolie pièce, allez!... vous la connaissez probablement... »

— Un peu, ma fille, — répondit Georges.

Et il se mit à chanter :

<blockquote>Du haut du ciel, ta demeure dernière,
Mon colonel, tu dois être content!</blockquote>

Tandis que Claudia fredonnait de son côté :

> Un vieux soldat doit souffrir et se taire
> Sans murmurer !... *(bis)*

— C'est ça !... c'est parfaitement ça !... — s'écria Jane, — c'est étonnant comme vous avez de la mémoire... ils sont bien jolis, ces couplets-là.

» J'étais aux anges pendant le vaudeville ; — mais j'attendais le drame avec une impatience dont vous ne pouvez vous faire une idée...

» J'avais souvent entendu parler de *la Tour de Nesle* et je savais que dans l'univers entier il n'existait rien de plus magnifique que cette pièce-là, qui avait eu à Paris *sept mille* représentations de suite... »

— Le fait est, — dit Georges en se mordant les lèvres pour ne pas rire, — que *la Tour de Nesle*, jouée tous les soirs sans interruption pendant *dix-neuf ans*, doit atteindre tout justement ce chiffre de *sept mille*...

— Oh ! je savais bien que je ne me trompais pas, — répondit Jane.

Et elle continua :

— Comme il est plus que probable que vous connaissez aussi la pièce, je ne vous en ferai pas l'analyse ; — je vous dirai seulement que lorsque l'acteur qui jouait le rôle de Buridan entra en scène, on l'applaudit très-fort, et que je sentis mon cœur battre comme il n'avait jamais battu jusque-là...

» Cet acteur s'appelait Varnier.

» Aujourd'hui que j'ai l'expérience de la vie et l'habitude du monde, il me paraîtrait certainement ridicule de toutes les manières ; — mais alors il me sembla superbe comme homme, et sublime comme acteur.

» C'était un grand garçon, très-brun, qui portait de longues moustaches et dont la barbe était si noire que ses joues avaient une teinte bleu foncé quand il venait de se faire raser.

» Ses cheveux, noirs comme sa barbe, retombaient jusque sur son cou.

» Il portait un maillot collant, de couleur violette ; — il avait de gros bras, — de gros mollets, — une grosse voix vibrante qui faisait trembler le plafond de la salle de spectacle quand il criait : *Anathème!...* ou : — *Malédiction sur vous!...*

» Enfin Varnier réalisait le type de ce qu'on appelle en en province : *un magnifique premier rôle.*

» Je ne sais pas quelle est l'impression que nous autres actrices nous faisons sur les hommes qui nous voient jouer, — mais je sais bien qu'il n'y a pas d'êtres au monde qui tournent plus facilement la tête des pauvres filles que le premier cabotin venu...

» Quand le comédien a mis son beau costume et du rouge, — quand il représente un prince, — un duc ou un grand seigneur, — quand il récite toutes les belles choses qui sont dans son rôle, ce n'est plus un homme pour les innocentes qui sont dans la salle, c'est un Dieu !...

» Il y a un endroit dans la pièce où Buridan se trouve enchaîné sur de la paille, dans un cachot, par ordre d'une méchante reine. — J'avais une folle envie de pleurer en le voyant si malheureux.

» Et, quand la méchante reine descend auprès de lui et le menace, véritablement, si j'avais eu un couteau dans ma poche, je crois que j'aurais sauté sur le théâtre pour couper les cordes du prisonnier.

» Angéline s'aperçut bien que j'étais hors de moi-même.

» Elle se pencha vers mon oreille, pendant un entr'acte, et me demanda :

» — Comment le trouves-tu ?

» Je savais bien de quel acteur elle me parlait; mais je ne voulus pas avoir l'air de comprendre, et je dis :

» — Comment je trouve, qui ?

» — Varnier, parbleu !... Buridan...

» — Ah ! il joue joliment bien !...

» — N'est-ce-ce pas ? Et quel bel homme ?

» — Superbe !

» Angéline me regarda avec une attention si grande que je me sentis rougir malgré moi sous son regard, et elle ajouta :

» — Ah ! je comprends qu'une femme devienne

amoureuse d'un homme comme Varnier!... et toi, Jane?...

» — Oh! moi, — balbutiai-je, — je ne sais pas...

» — Comment, tu ne sais pas?... — il n'y a point besoin de tant réfléchir... — ça se sent tout de suite, ces choses-là...

» — Eh bien! je trouve cet acteur très-beau... mais, de là à en devenir amoureuse, il y a loin...

» — Mais, songe donc, ma chère, — reprit Angéline, — comme une femme doit être heureuse quand elle est aimée d'un célèbre acteur... — d'un homme qui aurait à ses pieds, s'il le voulait, toutes les grandes dames!... — C'est ça, un triomphe!... Voir son amant vêtu comme un roi, au milieu des lumières et de la musique!... le voir applaudi avec transports!... rappelé par la salle entière, et se dire : — *Il m'appartient, pourtant, cet homme-là!.... — les autres femmes me l'envient, mais elles ne l'auront pas!... et, dans une demi-heure, il sera à mes genoux et me jurera qu'il m'aime!...*

» Angéline parlait avec un feu extraordinaire.

» On aurait juré qu'elle aimait Varnier.

» Je ressentis à l'instant même quelque chose qui ressemblait à un commencement de jalousie; — mais je n'en laissai rien paraître et je dis en riant du bout des lèvres :

» — Comme tu t'animes, ma chère!...

» — Dame!... moi, je suis franche... — je dis ce que je pense...

» — Ainsi, Varnier te plaît beaucoup?...

» — Oh!... beaucoup!...

» — Et, s'il te faisait la cour?

» — Je le laisserais faire.

» — Tu l'écouterais?...

» — Pourquoi donc pas?...

» — Mais ton mari?...

» — Je m'en moque pas mal de mon mari!... — tant pis pour lui!... Est-ce que tu crois que, de son côté, il se gêne?...

» Comme je savais, au moins aussi bien qu'Angéline elle-même, que Bérard ne se gênait point, je n'eus rien à répondre.

» Angéline ajouta :

» — C'est comme ça dans tous les ménages, ma pauvre Jane... — le mari d'un côté, — la femme de l'autre ; — on se passe mutuellement ses petits caprices et l'on vit de bon accord...

» Si Angéline m'avait parlé de cette façon un mois auparavant, ça m'aurait beaucoup étonnée, et presqu'effrayée.

» Maintenant ça me paraissait à moitié naturel, et ça ne me faisait rien du tout.

» Le rideau, en se relevant, interrompit notre conversation.

» A l'entr'acte suivant, Angéline revint sur le

compte de Varnier, — et je ne pus m'empêcher de penser que, si elle s'était mis dans la tête de me rendre amoureuse de lui, elle n'aurait pas agi autrement.

» Du reste, cette pensée était bien la sienne.

» Elle voulait me voir un amant, — et cela le plus tôt possible ; — j'ai compris pourquoi, un peu plus tard, et je vais vous le dire tout de suite.

» Angéline qui, au fond, n'aimait véritablement qu'une seule chose, — l'argent, — n'avait point renoncé à son projet de me donner pour maîtresse au marquis de C***, et de toucher les dix mille francs promis à titre de prime.

» Elle était parfaitement convaincue que je ne résistais si fort que parce que j'étais encore innocente...

» Et elle voulait faire disparaître cette innocence comme le seul obstacle qui empêchât une grosse somme d'entrer dans sa poche.

» Toujours est-il que je ne me sentais déjà que trop disposée à aimer Varnier, et que les beaux discours d'Angéline jetèrent de l'huile sur le feu...

» Le spectacle finit ; — il me semblait qu'il n'avait pas duré une heure !...

» Madame Bérard me ramena chez mon père ; — je montai me coucher, mais de toute la nuit je ne pus fermer l'œil pendant une minute.

» Je me rappelais, acte par acte, tableau par tableau, le drame auquel j'avais assisté.

» Par un singulier prodige de mémoire je revoyais Varnier dans chaque scène, — je l'entendais répéter chaque phrase de son rôle; — je me souvenais de chaque mot et de la manière dont il le disait, et du geste qu'il faisait en le disant.

» J'avais la tête tournée!...

» Le lendemain, au café, les officiers et les étudiants se mirent à parler entre eux de la représentation de la veille.

» Vingt fois de suite je trouvai des prétextes pour quitter mon comptoir, pour m'approcher de l'endroit où ils causaient et pour écouter.

» Une grande discussion s'engagea au sujet de Varnier.

» Mon cœur cessa de battre.

» Les uns disaient que Varnier était assez beau pour servir de modèle à un peintre ou à un sculpteur...

» Les autres le trouvaient lourd, manquant de distinction et de grâce...

» Ceux-ci admiraient son jeu, digne des meilleurs acteurs des premiers théâtres de Paris...

» Ceux-là le déclaraient faux, — guindé, — déclamatoire, — emphatique.

» — Il a le feu sacré!... — criait l'un.

» — C'est un feu qui ne lui sert qu'à brûler les planches, tout au plus !... — répondait l'autre.

» — Il est excellent !...

» — Il est exécrable !...

» — C'est un grand artiste !...

» — C'est un mauvais cabotin !...

» La discussion s'anima de plus en plus, — comme toutes les discussions de café, — et dura jusqu'au moment où, personne ne pouvant s'entendre, on prit, de guerre lasse, le parti de s'occuper d'autre chose.

» Volontiers aurais-je embrassé, l'un après l'autre, les admirateurs de Varnier.

» Quant à ses détracteurs, — si mes regards avaient pu les foudroyer, — certes ils seraient tombés roides morts !...

» Jugez de ce que je devins lorsque, deux jours après, je vis Varnier entrer au café, en compagnie d'un étudiant assez mauvais sujet qui avait pris vigoureusement son parti dans la discussion dont je viens de vous parler.

» En province, les acteurs jouissent de la plus exécrable réputation ; — on les regarde comme des êtres capables de tout, et qui ne sont point de la même espèce que les autres hommes ; — malgré cela, ou peut-être à cause de cela, les jeunes gens qui ne craignent point de se compromettre recherchent leur société, et, dans l'espoir d'arriver par eux à avoir leurs entrées dans les coulisses, ils leur font des avances qui se formulent par des déjeuners et des petits verres d'absinthe.

» Varnier était mis avec une élégance prétentieuse et de mauvais goût qui ne pouvait aller qu'à un cabotin et que je trouvai admirable.

» Il portait une redingote noire très-courte, — boutonnée jusqu'au cou, — rembourrée à la poitrine comme un habit d'uniforme, — serrée à la taille, de manière à faire croire qu'elle s'ajustait sur un corset vigoureusement sanglé.

» Les cheveux noirs et luisants du comédien graissaient son collet de velours.

» Un lorgnon d'écaille, suspendu à un ruban de soie, dansait sur sa poitrine.

» Il avait un pantalon gris perle, collant comme un maillot, et tellement tendu par les sous-pieds qu'à chaque pas il menaçait d'éclater.

» Les manchettes de Varnier se rabattaient sur les poignets de sa redingote, et les couvraient presque entièrement ; — ses gants, de couleur claire, n'étaient point absolument frais. — Il avait la moustache retroussée et il posait son chapeau sur l'oreille droite, *à la crâne, — en casseur d'assiettes.*

» Comment se fait-il qu'un pareil homme m'ait paru idéal et magnifique?

» Si vous le savez, mes enfants, dites-le moi ; — car, — aussi vrai que je m'appelle Jane, — je vous déclare qu'il m'est impossible de le comprendre !...

» Enfin, qu'est-ce que vous voulez ?... j'étais folle, — et quand on est folle, on est folle !...

» L'étudiant, — qu'on appelait *M. Oscar*, — cria :

» — Deux absinthes !...

» Et il s'assit avec Varnier à une petite table placée à une dizaine de pas du comptoir.

VIII

GRAND PREMIER ROLE

« Je me souviens des plus insignifiants détails de cette scène si peu importante, mais qui m'offrait un immense intérêt; — je me souviens que, lorsque M. Oscar eut parlé, Varnier, de sa voix métallique et retentissante, ajouta :

» — Garçon, vous apporterez un verre d'anisette avec l'absinthe, je mélange toujours; — l'anisette m'est indispensable pour entretenir en bon état de conservation la velouté de mon larynx...

» Le garçon n'avait pas entendu cette recommandation.

» Je pris, pour l'appeler, la petite clochette qui se trouvait sur le comptoir, et je l'agitai.

» Ma main tremblait si fort que je produisis un véritable carillon.

» A ce bruit, Varnier se retourna de mon côté.

» — Ah! sapristi! — s'écria-t-il, — la belle fille!... — pour une belle fille, c'est une belle fille!... mort de ma vie!... je le soutiens, et je crois m'y connaître!...

» Tout mon corps se mit à trembler comme tremblait déjà ma main; — je sentis que je devenais pâle, et je crus que j'allais m'évanouir.

» Cependant je fis un violent effort sur moi-même et je parvins à dominer mon émotion.

» Varnier me regardait toujours, en frisant sa moustache du bout de ses doigts.

» J'eus la force de sourire.

» M. Oscar dit quelques mots tout bas à l'acteur; — sans doute il lui expliquait que je n'étais pas précisément une demoiselle de comptoir comme une autre, et que le café appartenait à mon père.

» Le regard de Varnier prit une expression moins hardie, et je me remis un peu.

» L'absinthe et l'anisette furent apportées; — Varnier cessa de s'occuper de moi.

» — Garçon! — cria-t-il, après avoir versé le contenu d'une carafe sur les liqueurs mélangées dans son verre à doses égales.

» Le garçon accourut.

» — Le *Journal de la Côte-d'Or*, — lui dit Varnier.

» Le journal demandé fut apporté.

» Varnier le déploya, — le parcourut rapidement,

et lut tout haut un article sur la représentation du dimanche précédent, — article dans lequel il était parlé de lui, — rôle de Buridan, — en termes très-louangeurs.

» — A la bonne heure!... — fit l'artiste en reposant le journal sur la table, — voilà un journaliste qui sait rendre justice au mérite!... — Le drôle est connaisseur!... *Galante* pourra se reposer...

» — Qu'est-ce que *Galante?* — demanda l'étudiant qui était avec Varnier?

» — *Galante?*... c'est un petit nom d'amitié que j'ai donné à ma bonne lame de Tolède.

» — Qu'est-ce que votre bonne lame de Tolède a de commun avec le *Journal de la Côte-d'Or* ou tout autre journal?...

» — Elle a de commun ceci que, lorsque j'arrive dans une ville quelconque pour y donner des représentations, si quelque *feuille de chou* ne parle point de ma personne et de mon talent d'une façon qui me convienne, je n'en fais ni une ni deux! Pâsques Dieu!... — Tonnerre et sang!... — Mort et furies!... — je vais trouver le rédacteur, l'écrivassier, le folliculaire, et lui dis, en propre paroles : — « Vous êtes un paltoquet et un cuistre!... — les choses ne peuvent point se passer ainsi!... — nous allons nous couper la gorge!... » — ou il consent, et alors je le conduis sur le pré, où *Galante* fait son office ; — ou il refuse, et, dans ce cas, je lui coupe les oreilles....

5.

» — Diable ! — dit Oscar en riant, — vos procédés me semblent un peu vifs, mon cher Varnier!...

» —Par ma bonne dague de Venise, voilà mon caractère !... — 'tant pis pour ceux qui ne sont pas contents !... je les tue pour leur apprendre à vivre !... — j'en suis à mon cinquième journaliste laissé pour mort sur le terrain, et j'ai dans une malle onze paires d'oreilles que je vous ferai voir quand vous aurez le temps...

» L'étudiant se mit à rire de nouveau.

» — Mon Dieu ! — me disais-je à moi-même ; — cinq hommes tués, et onze paires d'oreilles coupées ! — qu'il est donc brave !... qu'il est donc brave !... — cet homme-là est aussi brave qu'il est beau!..

» Étais-je bête !... — étais-je bête !... — étais-je bête ?...

» Dire, pourtant, que quand on est jeune et qu'on ne sait rien de rien, on est aussi bête que ça !

» Aujourd'hui, c'est moi qui me moquerais un peu de la bonne lame de Tolède et d'un Varnier coupeur d'oreilles !...

» Les habitués qui se trouvaient dans le café vinrent se grouper autour du comédien ; — on le fit causer, et à chacune de ses paroles je me serais pâmée d'admiration volontiers...

» Mais voici qu'on mit Varnier sur le chapitre de ses galanteries et de ses bonnes fortunes.

» Il raconta des histoires incroyables ; —il tira de sa

poche un portefeuille bourré de lettres ; — il l'ouvrit et il étala ces lettres entre ses doigts, comme un jeu de cartes, puis, les présentant aux jeunes gens, il leur dit : — Prenez au hasard et lisez ; — vous verrez de quel style on écrit à votre serviteur ; mais ensuite rendez-moi ces chiffons, — ce sont des souvenirs...

» Chacun prit une lettre et en lut à haute voix quelques fragments.

» C'étaient des déclarations brûlantes, — des serments d'amour, — des protestations d'éternelle tendresse.

» En entendant tout cela j'éprouvai un horrible serrement de cœur ; — je sentis que j'étais jalouse : — je compris que j'aimais éperdûment le comédien...

» Mon père venait de rentrer.

» Je lui dis que je me trouvais malade, — et je vous assure que je ne mentais point en disant cela ; — je montai dans ma chambre où je m'enfermai ; je me jetai sur mon lit, et, cachant mon visage dans l'oreiller, je me mis à pleurer à chaudes larmes...

» Pourquoi pleurer ainsi ? — pourquoi me désespérer de cette façon ?...

» J'ose à peine l'avouer ; — mais, puisque c'est ma confession que je vous fais, il faut bien la faire !...

» Je me chagrinais, — je me tourmentais, — je me désolais ainsi, — parce que j'avais peur de n'être jamais aimée par Varnier, — parce que je me figurais que toutes les femmes de la terre allaient se mettre entre lui et moi et me l'enlever...

» Oui, moi, — cette Jane que vous voyez, — jolie à damner un saint, — plus jeune de cinq ou six ans et innocente comme une rosière... que j'aurais pu être, — je tremblais qu'un affreux cabotin, lourd et commun, brutal et trivial, vantard et menteur, ne voulût point de mon amour !...

» Je suis sûre que vous croyez qu'il est impossible d'être stupide comme je l'étais...

» Et pourtant c'est la vérité !... — on n'invente pas ces choses-là !... — bien plus volontiers les cacherait-on.

» Bien souvent, et je crois même presque toujours, les jeunes filles se montent la tête sans savoir pourquoi ; — une fois qu'elles se figurent être amoureuses, c'est absolument comme si elles l'étaient.

» Au bout de huit jours, il n'y a pas de folies au monde que je n'aurais voulu faire pour Varnier.

» Mais il ne venait plus à notre café ; je n'aurais pu le voir qu'au théâtre et je n'osais pas même demander à mon père la permission de retourner au spectacle de sitôt.

» Ce ridicule amour, si bien et si avant logé dans ma folle tête, me faisait à peu près le même effet que si j'avais avalé du poison.

» Je ne mangeais plus, — je ne dormais plus, —

je devenais pâle et maigre, — enfin je changeais à vue d'œil.

» Angéline savait bien ce que j'avais, mais elle simulait l'ignorance et voulait que la confidence vînt de moi.

» Elle me tourmenta si fort pour savoir mon secret, et d'ailleurs j'éprouvais un tel besoin de parler de Varnier, n'importe à qui, — convaincue que, rien que de prononcer son nom, ça me soulagerait un peu, — que je finis par lui dire franchement ce qui se passait en moi.

» — Eh bien ! ma pauvre Jane, — fit-elle d'un accent de triomphe, après m'avoir écoutée, — quand je te disais l'autre soir qu'on ne pouvait voir cet être-là sans l'aimer, crois-tu que j'avais raison ?... — tu faisais la sainte-nitouche, mais tu n'en pensais pas moins... — Te voilà pincée, ma mignonne !...

» — Et c'est bien malheureux !... — murmurai-je.

» — Malheureux ? — pourquoi donc ça ? — l'amour est de ton âge, après tout !...

» — Mais, tu ne m'as donc pas comprise ?

» — Parfaitement, au contraire.

» — Si je ne revois pas Varnier, je mourrai de chagrin !...

» — Et bien ! il faut le revoir...

» — Et où cela ?

» — Au spectacle, d'abord, — ensuite nous trouverons mieux... je m'en charge...

» — Au spectacle? je n'y peux pas aller.
» — Pourquoi?
» — Mon père ne voudra pas.
» — Vas-y sans qu'il le sache...
» — Est-ce possible?
» — Très-bien...
» — Mais, comment?...
» — Dame! tu n'y passeras pas la soirée tout entière, bien sûr!... — mais, pourvu que tu jouisses pendant dix minutes ou un quart d'heure de la vue de ton adoré, ça doit te suffire quant à présent... — Chaque fois que Varnier jouera, tu diras à ton père, dans la soirée, que tu viens passer un moment avec moi...... je t'attendrai et nous filerons ensemble au théâtre...
» — On nous y verra et on le répétera à mon père...
» — On ne nous y verra pas, car nous irons dans une loge grillée...
» — Mais, pour entrer, il faut payer.
» — Sans doute.
» — Comment ferai-je?
» — Comme tout le monde, — tu payeras...
» — Avec quoi? je n'ai pas d'argent.
» — Je t'en prêterai si tu veux...
» — Je ne pourrai pas te le rendre.
» — Tu es folle, ma fille... — Est-ce que ce n'est pas toi qui tiens le comptoir et qui as sous la main la recette du jour?
» — Oui, c'est moi.

» — Eh bien tu prendras dans le comptoir ce qu'il te faudra.

» — La recette ne serait pas d'accord avec les chiffres marqués sur mes livres.

» — Bête !.. — Si tu prends cinq francs en argent, tu marqueras cinq francs de moins, voilà tout... ça n'est pas bien difficile.

» — Je n'oserai jamais...

» — Pourquoi donc?

» — Ça serait voler...

» Angéline haussa les épaules.

» — Voler qui? — me demanda-t-elle.

» — Mon père.

» — Allons donc !... est-ce qu'une fille peut voler son père ?... est-ce que l'argent qui est à lui n'est pas à toi? — D'ailleurs, tu évites au bonhomme Maclet de prendre une dame de comptoir qui lui coûterait fort cher... tu peux bien te payer à toi-même de légers appointements...

» Angéline vit que, malgré tout mes désirs de suivre ses conseils, je n'étais pas absolument convaincue.

» Elle voulut porter un dernier coup à mes irrésolutions.

» — Après tout, — dit-elle d'un air un peu piqué, — si ta délicatesse s'effarouche de ce que je te propose, et si mes bons avis te semblent dangereux et inacceptables, à ton aise, ma chère... — arrange-toi!

— J'ai fait pour toi tout ce que je pouvais, — je t'ai offert de te prêter de l'argent ; — je t'ai indiqué un moyen simple et facile de t'en procurer; — ça ne te va pas, c'est ton affaire. — Tu penses bien que je n'ai aucun intérêt à insister... — Je voulais te rendre service, — tu refuses, — n'en parlons pas davantage. — Seulement, ne te plains plus de tes chagrins d'amour et ne me dis plus que tu vas mourir de chagrin, car, véritablement, je croirais que tu te moques bel et bien de moi !

» Il me sembla tout aussitôt que si Angéline cessait d'être ma confidente et m'abandonnait, ma cause était désespérée.

» Je me hâtai donc de lui répondre que je suivrais son conseil et que je prendrais dans le comptoir tout l'argent dont j'aurais besoin.

» Angéline se calma aussitôt et promit de me servir de tout son pouvoir.

IX

LE NUMÉRO 3

» Ce qui avait été convenu entre Angéline et moi se fit dès le lendemain. — Chaque fois que le nom de Varnier était sur l'affiche je dérobais une petite somme à la recette quotidienne et, le soir venu, je m'esquivais pendant une demi-heure, — je courais rejoindre mon amie, — nous allions ensemble au théâtre, et, à l'abri du grillage d'une loge étroite qui donnait presque sur la scène, je m'enivrais à contempler mon idole sous le costume d'*Antony*, — de *Ruy-Blas*, — de *Richard d'Arlington*, — de *Montéclain*, et à entendre sa voix formidable et cuivrée tonner dans tous ses rôles...

» C'était beaucoup, n'est-ce pas ? — je trouva cependant bien vite que ce n'était point assez, au gré de ma passion grandissante, et je le confessai à Angéline.

» — Bon! — me dit-elle, — calme-toi, pauvre mignonne!... je veux être jusqu'au bout la providence de tes amours... — Laisse-moi faire...

» Le samedi suivant, elle m'engagea à prévenir mon père que, le lendemain, elle comptait me faire faire une grande promenade, — que nous partirions de bonne heure, et que nous déjeunerions sur l'herbe avec des provisions qu'elle emporterait.

» Mon père approuva pleinement cette partie, et, le dimanche matin, nous nous mîmes en route à l'heure indiquée par Angéline.

» Bérard ne nous accompagnait point.

» — Où allons-nous, — demandai-je à mon amie.

» Angéline me répondit en riant et en chantant:

» — Nous allons dans un endroit charmant qui, comme le fameux bois de Romainville:

>Pour les amants
>Offre mille agréments.

» — Mais enfin, — répétai-je, — où donc?

» — Curieuse!...

» — Dame!... il me semble que ma curiosité est naturelle.

» — Eh bien, nous allons à Plombières (1).

(1) Petit village voisin de Dijon, et qui n'a rien de commun avec son célèbre homonyme du département des Vosges.

» — Ah!...

» — Est-ce que cet endroit-là ne te convient pas?

» — Beaucoup, au contraire, mais...

» — Mais, quoi?

» — Nous n'avons à faire qu'une petite lieue, tout au plus, et il me semble que ce n'était pas la peine de partir de si bonne heure.

» — Il te semble mal, ma chère... — j'ai une manière d'employer notre temps...

» — Laquelle?

» — Tu verras.

» — Ne peux-tu me le dire?

» — Non.

» — Pourquoi?

» — Parce que.

» A ce *parce que,* — raison suprême des gens qui ne veulent pas donner d'autres raisons, — il n'y avait rien à répondre.

» Cependant je ne me tins pas absolument pour battue, et je repris :

» — Il me semblait que tu avais parlé de déjeuner.

» — Certainement, j'en ai parlé,

» — Tu devais apporter des provisions, et tu n'as pas même de panier?

» — Tiens-toi donc l'esprit en repos, ma pauvre Jane!... — répliqua Angéline, — et, encore une fois, rapporte-t-en à moi...

» Et elle ajouta, en tirant de sa poche deux pièces

d'or et en les faisant sautiller dans le creux de sa main :

» — Il y a là dedans toutes les provisions nécessaires.

» Tout en causant, nous avancions sur la plus jolie route qui se puisse imaginer.

» Le chemin était bordé de grands arbres : — à notre droite nous avions des rochers taillés à pic et que je ne saurais mieux comparer qu'à ces falaises que j'ai vues, l'an passé, dans les environs du Havre, où l'un de mes amants m'avait menée ; — à notre gauche, une vallée délicieuse, verte et fraîche, avec l'*Ouche* faisant une quantité de tours et de détours au milieu des prés, sous des saules ; — puis, de l'autre côté de cette vallée, de belles montagnes couvertes de bois dont les feuilles commençaient à jaunir et à rougir.

» En avant de nous on voyait le clocher de Plombières avec son toit pointu bariolé de tuiles de toutes les couleurs posées les unes sur les autres, comme des écailles de poissons...

» Plombières est un petit village, très fréquenté, — surtout le dimanche, — par les étudiants et par les jeunes gens de Dijon.

» Il y a là quatre ou cinq auberges, à moitié cabarets, à moitié restaurants, qui sont ce que, dans les environs de Paris, on appelle des *maisons à parties.*

» Les jardins offrent des tonnelles de verdure, avec des chaises et des tables de bois, pour les consommateurs en plein air.

» Ceux qui viennent dîner en tête-à-tête ou en partie carrée, trouvent des chambres qui remplacent les cabinets particuliers des restaurants parisiens.

» Vous pensez que je n'avais de ma vie mis les pieds dans une de ces auberges dont la réputation n'est pas bonne.

» Ce fut donc avec une espèce d'effroi que je vis Angéline pénétrer sans hésitation dans une guinguette dont l'enseigne portait ces mots :

AU PETIT VIN VIEUX DU PARFAIT AMOUR

» — Eh bien, — lui demandai-je vivement, — où vas-tu donc?

» — Parbleu! — me répondit-elle, — tu le vois, — je vais commander notre déjeuner...

» — Ici?

» — Pourquoi donc pas? — Je connais la cuisine du *Parfait-Amour*, elle est bonne, tu peux m'en croire...

» Je la suivis la tête un peu basse.

» L'hôte de la guinguette l'accueillit, le bonnet blanc à la main et avec une considération manifeste.

» Évidemment elle était une habituée de l'endroit.

» — Bonjour, père chose, — lui dit-elle; — comment ça vous va?

» — Eh! eh! point trop mal, ma chère dame... — et la vôtre pareillement, j'espère...

» — Oui, père chose, et en bonne disposition d'appétit, je vous assure, ainsi que ma petite amie...

» — Joli brin de fille !... — fit l'aubergiste en me regardant.

» Puis il ajouta :

» — Quelle chambre prendrez-vous, ma chère dame ?

» — La chambre habituelle.,.

» — Le numéro 3, alors.

» — Tout juste.

» — Combien de couverts ?...

» Au lieu de répondre à cette question, Angéline dit tout bas quelques mots à celui qu'elle appelait le *père chose.*

» — Suffit ! — murmura-t-il. — Parfaitement compris !... on s'y conformera avec scrupule... — Quant au déjeuner, — ajouta-t-il plus haut, — ces dames n'auront qu'à choisir ; — nous avons goujons frits, — matelote de carpe et d'anguille, — veau à la casserole et veau rôti, — civet de lièvre, — gibelotte de lapin, et, ma foi, bien d'autres choses encore... — Ces dames pourront, en passant, jeter un coup d'œil à la cuisine...

» — Inutile, — répliqua Angéline ; — donnez-nous de tout, voilà le menu. — A propos, vous n'avez encore personne ?

» — Pas un chat.

» — Bien. — Nous montons. — Faites mettre la table tout à l'heure.

» Et Angéline m'entraîna vers un escalier qui se trouvait au fond de la première pièce.

» En haut de cet escalier, il y avait un couloir sur lequel donnaient plusieurs portes.

» Angéline ouvrit une de ces portes, qui portait le n° 3 peint en noir, et nous entrâmes dans une chambre assez grande dont les deux fenêtres prenaient vue sur le jardin avec ses tonnelles, et sur la vallée d'Ouche avec sa verdure.

» L'ameublement n'était pas luxueux et consistait en une table ronde, — des chaises de paille, — un lit avec des rideaux en calicot blanc, bordés d'une bande rouge.

» Sur les murailles il y avait sept ou huit lithographies coloriées représentant les amours et les malheurs de *Paul et Virginie*. »

Ici, Jane interrompit son récit, pour s'adresser au journaliste.

— Dis donc, Georges, — lui demanda-t-elle, — est-ce que c'est vrai, l'histoire de Paul et Virginie ?..

— Mais certainement, ma fille, c'est vrai....

— Ainsi, ces deux amoureux ont existé ?...

— Comme toi et moi !...

— Dame ! je croyais que c'était une histoire pour rire, une invention comme vous en faites, vous autres auteurs. — Ils sont bien intéressants, ces jeunes gens seulement Virginie était un peu bêbête...

— Ah bah !... et pourquoi ça ?

— Elle a mieux aimé se noyer que de se laisser déshabiller pour se sauver du vaisseau et du naufrage !... — ça ne me paraît pas dans la nature, ces choses-là !...

— Ça n'est pas dans la tienne, petite Jane, voilà tout...

La narratrice, — une fois sa curiosité satisfaite par la véridique explication de Georges, — poursuivit :

— Je regardai par les fenêtres, — j'examinai les lithographies l'une après l'autre, puis je dis à Angéline :

. » — Tu sais que ça ne va pas être bien gai de s'enfermer ici, ma chère... — J'aurais dix fois mieux aimé déjeuner sur l'herbe, comme tu me l'avais promis...

» Angéline haussa les épaules.

» — Oh! d'abord, toi, — répliqua-t-elle, tu n'es jamais contente de rien !... quelle mauvaise coucheuse tu fais, avec ta petite mine gentille !... — Pour l'amour de Dieu, prends patience et cesse de te tracasser ainsi, sinon je renonce à faire ton bonheur !...

» Je ne comprenais pas trop comment Angéline avait la prétention de faire mon bonheur, en m'emmenant déjeuner à l'auberge du *Petit vin vieux du parfait amour.*

» Mais, comme je savais qu'elle n'agirait qu'à sa

tête, je pris mon parti de m'ennuyer et je ne dis plus rien.

» Angéline, elle, semblait joyeuse comme si elle venait d'hériter ; — elle fredonnait des airs de polka et sautillait à travers la chambre.

» Une bonne grosse servante joufflue, — surchargée d'assiettes, — de serviettes, — de couteaux et de fourchettes, vint disposer la table.

» Je ne fis aucune attention au nombre de couverts qu'elle mettait sur la nappe ; — il est vrai que, tandis qu'elle accomplissait cette importante opération, Angéline m'adressait continuellement la parole, sans doute pour me distraire.

» Sa besogne achevée, la grosse servante se retira et de nouveau nous restâmes seules.

» Quelques minutes s'écoulèrent ; je bâillais et je regardais ma montre.

» On frappa doucement à la porte.

» — Enfin !... — murmura Angéline.

» Puis, tout haut, elle dit :

» — Entrez.

» La porte s'ouvrit et l'aubergiste se présenta, toujours son bonnet de coton à la main.

» — Qu'est-ce que vous voulez, père chose ? — lui demanda madame Bérard.

» L'aubergiste cligna de l'œil et fit, en manière de signe d'intelligence, une grimace fort laide.

» — C'est ce monsieur... — dit-il ensuite.

» — Où est-il ? — s'écria vivement Augéline...

» — En bas.

» — Que vous a-t-il dit ?

» — Il s'est informé du numéro 3.

» — Bien. — Faites le monter tout de suite.

» — Suffit !...

» L'aubergiste disparut.

» — Est-ce que tu attendais quelqu'un ? — demandai-je à ma compagne avec un certain trouble.

» — Probablement.

» — Qui donc ?

» — Tu vas voir...

» J'eus une peur horrible ; car malgré moi je pensai au marquis de C***.

» Si j'avais vu entrer dans la chambre l'abominable vieux, je me serais certainement élancée par la fenêtre, au risque de me tuer une douzaine de fois en tombant.

» Mais un pas vif quoiqu'un peu lourd, accompagné d'un bruit d'éperons, retentit dans l'escalier puis dans le corridor.

» A coup sûr ce ne pouvaient être les pieds goutteux et les jambes rhumatisées du marquis qui marchaient ainsi...

» Mais, si ce n'était pas lui, qui était-ce donc ?...

» Mon attente et mon incertitude ne furent pas de bien longue durée.

» La porte était restée ouverte.

» Entre les montants de cette porte se dessina, dans une attitude dramatique, la haute taille du beau Varnier.

» Mon cœur se mit à battre assez fort pour briser les baleines de mon corset...

» Je poussai involontairement un petit cri, et, me jetant dans les bras d'Agéline, je cachai ma tête sur son sein.

» Elle se mit à rire aux éclats.

X

LE PREMIER PAS.

(Vieille chanson).

» Certes, j'étais amoureuse de Varnier autant que puisse l'être une jeune fille, — ou du moins je le croyais, ce qui revient absolument au même, — et pourtant je vous donne ma parole d'honneur que, lorsque je le vis apparaître ainsi à l'improviste, j'aurais souhaité de toute mon âme me trouver assise derrière mon comptoir dans le café de mon père.

» J'éprouvai une sensation inconnue; — c'était un plaisir bizarre, mêlé de beaucoup d'effroi. — L'effroi dominait le plaisir...

» Qu'avais-je donc à craindre?

» Je ne le savais pas d'une façon positive; — mais je craignais quelque chose de vague... d'indéterminé...

» — Mordieu ! — s'écria Varnier, — j'accours sur les ailes du vent, et voici qu'à peine arrivé j'effarouche une tourterelle !... — ceci n'est point dans mes mœurs, belles dames, je vous en préviens !...

» — La tourterelle se rassurera bien vite, — répondit Angéline en riant toujours.

» Puis elle ajouta, en s'adressant à moi :

» — Allons, ma petite, ne fais pas l'enfant et montre ce joli visage...

» En même temps elle me forçait doucement à relever la tête.

» — Le ciel me préserve, — reprit Varnier avec un geste théâtral, — le ciel me préserve d'inspirer un sentiment de terreur à mademoiselle, car, depuis le jour où mes yeux l'ont contemplée pour la première fois, il n'existe pas dans une poitrine d'homme un cœur qui soit mieux son esclave et se sente plus épris de sa beauté !...

» — Ah ! que voilà qui est bien dit !... — s'écria Angéline. — Voyons, Jane, réponds donc quelque chose à M. Varnier ! — Quand nous ne sommes que nous deux tu me parles sans cesse de lui, et, maintenant qu'il est là, près de toi, tu restes muette et tu parais tout embarrassée..

» Les paroles d'Angéline redoublèrent mon embarras et je sentis que mes joues devenaient rouges comme du feu...

» — Quoi ! — murmura le comédien, de ce même

6.

ton dont il parlait sur le théâtre et qui me faisait tant d'impression, — il serait vrai!... — j'occuperais une place dans les pensées de mademoiselle!... — elle daignerait parler. de moi!... — puis-je le croire?.. — n'est-ce point là un rêve enchanteur et sans réalité?... — une illusion de mes sens abusés?... — Ah! la seule image d'une félicité si grande fait palpiter mon cœur et battre mes artères!... mon âme se trouble et chancelle, affaissée sous le poids d'un bonheur inattendu!... — Dieu puissant, si c'est un délire, laissez-moi délirer ainsi jusqu'à la mort... — Et si c'est un rêve charmant, par pitié ne m'éveillez pas!...

» Haletante, — charmée, — éperdue, — j'écoutais Varnier déclamer pompeusement ces tirades sonores que je vous rapporte textuellement, croyez-le bien, car je n'aurais pas assez d'esprit pour inventer ces bêtises-là!...

» A mesure qu'il parlait, je sentais s'augmenter mon trouble et se dissiper mon effroi.

» J'étais heureuse, — bien heureuse!... — et, comprenant que je devais ce bonheur à Angéline, je lui adressai un regard tout chargé de reconnaissance.

» — Voyons, — dit-elle, — vous avez la journée entière devant vous pour roucouler, mes beaux amoureux... — Maintenant, songeons au solide, c'est-à-dire au déjeuner... — je meurs de faim; et vous, Varnier?

» L'acteur appuya sa main droite sur sa poitrine et répondit :

» — Quand le cœur parle, l'estomac se tait...

» — Parfaitement ! — répliqua Angéline, — mais mon avis est que, lorsque le cœur est plein, l'estomac doit l'être aussi, et cela pour éviter toute jalousie entre ces deux organes...

» — Charmant !... ah ! charmant !... — dit Varnier en prenant les mains d'Angéline et en les portant à ses lèvres.

» — Laissez donc mes mains, mauvais sujet que vous êtes ! — fit madame Bérard en riant ; — en voici d'autres, plus jolies que les miennes, et pour lesquelles je vous engage à réserver vos hommages..

» — Les grâces sont sœurs ! — soupira Varnier en s'emparant de ma main qu'il baisa et que je n'eus point la force de retirer.

» Le contact de ses longues moustaches me fit frissonner délicieusement.

» Ma compagne frappait de toutes ses forces sur une carafe, avec un couteau.

» La grosse servante accourut.

» — Servez vite et tôt, et chaud, ma fille ! — lui dit Angéline.

» La servante se précipita dans l'escalier pour aller quérir les plats.

» En attendant qu'elle reparût, madame Bérard demanda à Varnier:

» — Comment êtes-vous venu?... vous n'avez pas de poussière à vos bottes...

» L'acteur fit sonner ses éperons et montra la cravache qu'il n'avait pas quittée.

» — Porté par l'aquilon, — répliqua-t-il, — ou plutôt sur le dos de *Belzébuth*, un arabe délicieux du manége Lechesne, — le *Sauteur*, — une bête indomptable!... — seul je peux le réduire... mais j'en ai réduit bien d'autres!...

» — Vous êtes donc un fameux cavalier?...

» — Un centaure, belle dame!... un véritable centaure!... — l'an passé, à Paris, Victor Franconi et Baucher m'ont prié de leur donner quelques conseils... — Je n'ai pas pu leur refuser... entre artistes on se doit des égards... Le Cirque m'a offert cent mille francs pour lui jouer un Napoléon à cheval...

» — Cent mille francs! — s'écria Angéline.

» — Mon Dieu oui, sans compter les *feux* qui devaient être de dix louis par soirée...

» — Et vous avez refusé?...

» — Il le fallait! je me dois au théâtre contemporain! — je préfère à des triomphes équestres les bravos qui ne s'adressent qu'à moi-même, c'est-à-dire à mon physique, — à mon geste, — à ma diction... — D'ailleurs j'ai, pour l'an prochain, une proposition qui me sourit assez... — On veut me donner, à Paris, dix mille francs par mois pour remplacer Mélingue.

» — Vous accepterez?...

» — Je ne sais encore... — Certes, j'y trouve un grand avantage, mais ça me fait de la peine de nuire à un confrère... — Que deviendra-t-il, ce pauvre diable de Mélingue, si je lui coupe l'herbe sous le pied?

» — Il viendra jouer en province à votre place... — répondit Angéline en riant.

» — Impossible!...

» — Pourquoi?

» — On m'a vu partout dans ses rôles... — le public lui jetterait des pommes cuites... »

Georges, — Claudia, — et même Vignette, ne purent contenir un éclat de rire formidable qui coupa le récit de Jane.

— Vous croyez que je *blague*, mes enfants? — demanda cette dernière à ses auditeurs.

— Peut-être, — répliqua Georges, — ne *blauges*-tu pas, mais tu *brodes*...

— Eh bien, non, foi d'honnête fille! — je vous répète, mot pour mot, les expressions dont Varnier se servait, et, ce qu'il y a de bien plus fort, c'est que tout ce que Varnier disait je le croyais comme parole d'Évangile...

» Après tout ça n'était pas ma faute, à moi, si j'étais ensorcelée par ce cabotin-là!... — quand on est jeune on est si dinde!... de vraies petites *grues*, quoi!..

» Sur ces entrefaites on monta le déjeuner, et la table se trouva couverte de plats. — C'étaient des montagnes de nourriture!...

» Varnier venait de dire sentimentalement que, lorsque le cœur parlait, l'estomac devait se taire...

» Je vous assure qu'il n'en parut rien à la manière dont il se mit à fonctionner dès qu'il fut assis. — Son assiette était toujours pleine et toujours vide... — j'ai entendu parler d'un grand mangeur d'autrefois qui s'appelait le marquis, ou le baron, ou le comte de Gargantua... — je peux répondre que Varnier aurait lutté à armes égales contre ce célèbre vorace, et peut-être bien même eût il remporté la victoire, une fourchette à la main.

» J'étais très-étonnée et presque effrayée d'un appétit pareil. — Angéline riait de tout son cœur.

» Cependant Varnier ne faisait pas seulement honneur au solide, — il fêtait aussi les liquides dans la même proportion.

» Les bouteilles disparaissaient comme celles de Pierrot aux Funambules, quand Arlequin, caché sous la table, les lui soufflait agréablement. — Il n'y avait qu'une seule différence, c'est que Varnier était Pierrot et Arlequin tout à la fois.

» Cependant, si bien occupée que fût la bouche de Varnier, elle ne restait pas muette pour cela...

» Plus le comédien mangeait et buvait, et plus il parlait; — chaque bouchée et chaque gorgée étaient accompagnées d'une grosse vanterie, — d'une tirade de drame, ou d'une galanterie à mon adresse.

» Ces galanteries prenaient un caractère de plus

en plus vif à mesure que les yeux de Varnier brillaient davantage et que sa langue devenait pâteuse.

» Le malheureux se grisait abominablement, et, telle était l'épaisseur du bandeau attaché sur mes yeux, que je ne m'en apercevais pas!... — Il faut dire aussi, comme circonstance atténuante, qu'Angéline qui semblait trouver cela charmant remplissait mon verre, et imaginait à chaque minute des prétextes nouveaux pour me contraindre à le vider, si bien que ma tête se faisait lourde et qu'une excessive confusion commençait à se mettre dans mes idées...

» Varnier me prenait les mains et la taille ; — il m'embrassait, — je le laissais faire, — et Angéline criait : *bravo !*...

» On apporta le dessert, le café et les liqueurs.

» Je ne voulais plus boire.

» Mais Angéline remplit de curaçao un petit verre et me dit en me le présentant :

» — Nous allons porter la santé de Varnier..... tu ne peux pas refuser de nous faire raison...

» Je vidai le petit verre d'un seul trait.

» Alors mon étourdissement devint tel qu'il me sembla que tous les objets qui m'entouraient dansaient une ronde, et je ne vis pas même distinctement Angéline sortir de la chambre en faisant un signe à Varnier...

» Je restai seule avec le comédien.

» Il quitta sa place et il vint se mettre à genoux devant moi en m'entourant de ses deux bras, — en me parlant d'amour et en entrecoupant chaque parole par des baisers...

» Je n'entendais pas bien ce qu'il me disait, mais j'entendais le son de sa voix qui ne me paraissait plus retentissante et métallique, mais si douce, si douce, que mon cœur se fondait en l'écoutant...

» J'étais à peu près comme un enfant presqu'endormi et que sa nourrice berce avec une belle chanson qu'il écoute, moitié en réalité et moitié dans un songe... »

Jane s'interrompit pendant un instant et baissa les yeux, par un étrange et fugitif retour de sa pudeur de jeune fille, depuis si longtemps disparue.

Quelque chose de bon et d'imprévu se souleva dans le cœur du journaliste, si dépravé qu'il fût par les habitudes de l'existence parisienne et par le contact incessant du monde au milieu duquel il vivait.

Il attacha sur Jane un regard presque humide, et il murmura, mais assez bas pour ne pouvoir être entendu que de lui seul :

— Quel dommage!...

Il y eut un instant de silence.

Puis la pécheresse secoua sa tête charmante, — releva ses beaux yeux souriants et reprit :

— C'était un mauvais tour que venait de me jouer là cette drôlesse d'Angéline!... — Sans doute il était dans ma destinée d'avoir des amants et il fallait bien commencer par quelqu'un, — mais mieux eût valu pour moi que ce *quelqu'un* eût été tout autre que Varnier... — un triste gueux, comme je ne tardai pas beaucoup à m'en apercevoir...

» Quand Angéline rentra dans la chambre, elle me trouva tout en larmes et sérieusement désespérée...

» Varnier essayait de me consoler, — mais il s'y prenait grossièrement et il ne pouvait en venir à bout.

» Angéline se moqua de moi et fut au moment de me mettre en fureur par ses plaisanteries brutales... Cependant je fis de mon mieux pour cacher mon chagrin et même pour me mettre à l'unisson de la grosse joie triviale de Varnier.

» Le reste de la journée se passa ainsi, et jamais, je crois, je ne trouvai les heures aussi lentes.

» Le comédien jouait le soir ; — vers six heures il nous quitta, en me donnant rendez-vous pour le lendemain chez Angéline.

» Aussitôt que je me trouvai en tête à tête avec madame Bérard, mes larmes, contenues à grand'-peine, recommencèrent à couler.

» — Ah çà ! petite, — me demanda Angéline, — deviens-tu folle ? — qu'est-ce que tu as ?

» — Eh ! tu le sais bien, ce que j'ai !... — m'écriai-je.

» — Tu avais un amoureux, — cet amoureux est devenu ton amant... — Où est le mal ?... — Quand on aime un homme !...

7

» — Mais, — murmurai-je en sanglotant, — je n'aime pas Varnier...

» Angéline me regarda avec une stupéfaction réelle.

» — Comment ! — répéta-t-elle, — tu ne l'aimes pas !

» — Non.

» — Tu veux dire que tu ne l'aimes plus ?...

» — C'est la même chose...

» Je disais la vérité. — Ma folle et stupide passion pour le comédien venait de se dissiper en quelques minutes... — le prestige n'existait plus... — je voyais Varnier tel qu'il était réellement, c'est-à-dire lourd, commun, ridicule... — non-seulement je ne l'aimais plus, mais encore je le détestais...

» Ah ! si les jeunes filles savaient !

» Mais, quand elles savent, il est trop tard...

» Angéline eût un accès de fou rire, si long et si bruyant qu'elle ne pouvait plus respirer.

» — Peste ! — s'écria-t-elle ensuite, — tu vas bien, ma gaillarde, et je te promets que tu iras loin, si tu continues comme ça ! — Cinq minutes pour te dégoûter du plus bel homme de France et de Navarre, dont tu raffolais ! — Fichtre ! je ne suis pas de cette force-là, moi qui te parle !... Enfin, voyons, raisonnons un peu... Pourquoi n'aimes-tu plus Varnier ?...

» — Je vois bien que je ne l'ai jamais aimé...

» — C'est ce matin, avant déjeuner, qu'il aurait fallu t'en apercevoir, ma petite...

» Je soupirai.

» Angéline reprit :

» — Maintenant, que vas-tu faire avec lui ?

» — Je ne veux plus le voir.

» — Allons donc !...

» — C'est comme ça.

» — Mais vous avez rendez-vous ensemble, demain, à la maison...

» — Je n'irai pas.

» — Impossible !...

» — Pourquoi donc ?... il me semble que je suis bien ma maîtresse ?

« — Mais tu es aussi celle de Varnier, ma pauvre fille... — et tu ne le connais pas... il est brutal en diable !... — il s'inquiète fort peu de compromettre une femme !... — Si tu romps avec lui de cette façon, il se trouvera insulté et il ira te faire une scène, chez ton père, en plein café.

» Je me tordis les mains avec désespoir et je murmurai :

» — Tu savais cela !... et tu m'as poussée à devenir la maîtresse de cet homme !... Qu'est-ce que je t'ai donc fait, Angéline, pour que tu me détestes tant ?...

» — Des reproches !... — ah ! par exemple, voilà qui est fort !... — Comment, je me dévoue pour toi !... je me compromets de toutes les façons !... — Te croyant amoureuse à en devenir folle, car tu me répétais vingt fois par heure que tu avais la tête perdue et que tu ferais quelque extravagance, je te ménage une entrevue avec l'homme que tu aimais plus que tout au monde !... et maintenant, parce qu'un nouveau caprice t'a tourné la cervelle, tu m'accuses et tu me dis que je te déteste !... — Aussi vrai que je m'appelle Angéline, je n'attendais pas cela de toi !...

» Il me sembla que madame Bérard avait raison, — que j'étais dans mon tort, et je lui demandai pardon de l'avoir accusée injustement.

» Elle ne me tint point rigueur.

» — Ma pauvre fille, — me dit-elle, — je ne t'en veux pas de ta méchanceté, parce que je vois bien que tu as du chagrin... — J'ai fait pour le mieux... — j'ai mal réussi... — j'en suis désolée, mais ça ne répare rien... — tâchons seulement d'arranger les choses pour l'avenir, de façon à ce qu'elles tournent le mieux possible...

» — Arrange-les comme tu voudras... je me laisserai guider par toi...

» — Voilà la première parole de bon sens que je t'aie entendu dire aujourd'hui ! — Voyons un peu : — D'abord, et pour les raisons que je t'expliquais tout à l'heure, il ne faut pas songer à rompre brusquement avec Varnier...

» — Ainsi, — m'écriai-je avec effroi, — il faudra le revoir ?...

» — C'est indispensable. — Tu comprends bien que, quand on s'est donnée à un homme, on ne peut pas lui dire le lendemain : — *J'ai assez de vous, — vous m'ennuyez, — je ne vous aime plus, — allez vous promener...* — Celui à qui on parlerait de cette façon le trouverait très-mauvais, et peut-être n'aurait-il pas tout à fait tort...

» Je baissai la tête, et je répondis :

» — Soit, — je reverrai Varnier... — Mais cela durera-t-il longtemps?

» — Je tâcherai que non. — Je vais m'arranger de manière à dénouer tout doucement cette petite intrigue...

» La nuit était venue.

» Angéline paya la dépense ; — nous regagnâmes Dijon, — et, le cœur bien gros, je remontai dans ma petite chambre sans avoir dit bonsoir à mon père.

XI

COMPTE OUVERT

» A partir de ce moment-là, je ne fus pas la maîtresse de Varnier, je fus son esclave... et son esclave d'une manière tellement honteuse que c'en est incroyable et que, lorsque je me souviens de quelques-uns des détails que je vais vous dire, tout mon cœur se soulève encore...

» Ces détails, je ferais peut-être mieux de les taire, tant c'est ignoble, mais c'est curieux; — on ne sait pas assez qu'il y a des hommes comme Varnier, et qu'il y en a beaucoup, — vous ne le savez peut-être pas, vous Georges, qui êtes un auteur et qui devez connaître le monde...

» Enfin, vous verrez bien.

» Figurez-vous que Varnier, sous prétexte que son violent amour pour moi ne lui permettait pas de passer une demi-journée sans me voir, et que nos rencontres chez Angéline étaient loin de lui suffire, se mit sur le pied de s'installer dès neuf heures du matin dans le café de mon père, et d'y passer tout le temps que ses répétitions et ses représentations lui laissaient libre.

» Là, il semblait se considérer comme chez lui ; — il trônait, — il pérorait, — il accaparait les journaux, — il se mêlait à toutes les discussions ; — enfin il se rendait insupportable aux habitués.

» Mais un café est un endroit public qui appartient à tout le monde, et il ne suffit pas que les gens soient assommants pour pouvoir leur dire : *Allez-vous-en...*

» Vous devez pensez qu'un gaillard comme Varnier ne se contentait point de discuter à tort et à travers, — de lire les journaux ou de jouer au piquet ou aux dominos.

» Il *consommait*, — il consommait énormément.

» C'était, le matin, un copieux déjeuner de côtelettes, de beefteks et de chocolat, — avec une ou deux bouteilles de beaune.

» Puis, dans la journée, une demi-douzaine de verres d'absinthe, — des grogs, — des demi-tasses... que sais-je encore...

» Dans le commencement, Varnier paya.

» Puis, un beau jour, il me cria de la table à laquelle il était assis :

» — Mamselle Jane, vous mettrez cela sur mon compte...

» Il fallait obéir.

» J'étais parfaitement certaine que mon père ne ferait aucune espèce de crédit à un comédien, — et cependant j'ouvris un compte à Varnier.

» Ceci se passait vers le 16 ou le 17 du mois, — j'insiste sur ce point, et vous allez comprendre pourquoi...

» Tous les soirs je donnais à mon père la recette du jour, sans aucune explication.

» Deux fois par mois seulement, le 15 et le 30, il examinait ma comptabilité et déclarait qu'il fallait fermer les crédits trop élargis.

» J'avais donc une quinzaine de jours devant moi, avant que mon père découvrît que Varnier ne payait plus ; — car je comprenais à merveille que ces mots du comédien : *Mamzelle Jane, vous mettrez cela sur mon compte*, — se répéteraient, avec ou sans variantes, chaque jour...

» C'est en effet ce qui arriva.

» Dès l'instant où Varnier n'eut plus à tirer de l'argent de sa poche, ses dépenses au café devinrent relativement exorbitantes.

» Sans cesse il amenait avec lui un ou deux cabotins de ses amis et il payait pour eux, — ou plutôt il prenait à son compte leurs consommations.

» Ceci ne pouvait manquer de finir par une catastrophe ; — cette catastrophe je la prévoyais, et, pour l'atténuer autant que possible, je remplissais mes livres d'inexactitudes volontaires, — marquant quatre ou cinq francs, tout au plus, quand Varnier en avait dévoré dix.

» Ça vous paraît bien misérable tout ça, n'est-ce pas, — et peut-être plutôt risible qu'autre chose ?

» Eh bien, pour moi, c'était terrible... — car le 30 du mois approchait, — et qu'est-ce que j'allais dire à mon père?... — et de quelle façon mon père exigerait-il de Varnier le paiement de cette dette grossissante? — et si, — comme cela ne pouvait guère manquer d'arriver, — il y avait entre eux une discussion, — peut-être violente, — qui sait ce que Varnier répondrait dans sa colère?

» Enfin, j'étais plus morte que vive ; — je n'avais ni une heure, ni une minute, ni une seconde de tranquillité...

» Varnier continuait à manger, à boire et à me crier, — en profitant, bien entendu, des moments d'absence de mon père : — *Mettez cela sur mon compte...*

» Le 30 arriva.

» Je n'avais pas eu le courage, jusque-là, de me rendre compte du total des notes successives de Varnier.

» Je fis l'addition en tremblant.

» Son compte montait, — pour quatorze jours, —

à la somme de *cent soixante francs*,—et il se serait certainement élevé à plus du double sans ces réductions quotidiennes dont je vous ai parlé tout à l'heure...

» A minuit moins quelques minutes, — comme de coutume, — on ferma le café.

» Comme de coutume, aussi, mon père me dit :

» — Allons, petite, examinons un peu les livres...

» Je n'ai pas compris alors, et je ne comprends pas encore aujourd'hui, qu'en ce moment il ne se soit pas aperçu de ma pâleur.

» En passant devant une glace je me regardai par hasard, mon visage livide et décomposé m'effraya.

» Mon père feuilleta, négligemment d'abord, les feuilles du registre ; — mais voici qu'en haut d'une page il vit le nom de Varnier !...

» — Varnier ! — s'écria-t-il en frappant sur la table du seul poing qui lui restât, — Varnier a un compte !... tu as ouvert un compte à Varnier !...

» Je ne répondis pas.

» Qu'aurais-je répondu?...

» L'évidence parlait pour moi,—et ne parlait que trop !...

» — Un compte ! — répéta-t-il, — un compte à un cabotin !... tout ce qu'il y a de pis sous la calotte du ciel en fait de *mauvaises payes!*...—et combien doit-il, ce monsieur? — Si c'est vingt francs, c'est vingt francs de *flambés!*...

» Mon père se servit d'une autre expression plus énergique, mais je ne la répète pas.

» Mes dents claquaient.

» Mon père suivit du doigt la colonne de chiffres, et son regard descendit jusqu'au total.

» Sans doute il crut qu'il avait mal vu, car son œil s'attacha longuement sur les trois chiffres de 160.

» Enfin, il lui fut impossible de conserver l'ombre d'un doute.

» Alors il prit le registre, le froissa entre ses mains et le jeta sur une table où se trouvaient une demi-douzaine de tasses et de verres, qui furent renversés par le choc et se brisèrent en tombant.

» Mon père n'était point méchant, — je vous l'ai déjà dit, — mais il était violent, et, dans sa colère, il devenait brutal.

» Il ne leva pas la main sur moi, cependant, et ne me maltraita d'aucune façon, mais il me fit une épouvantable scène ; — il m'accabla d'injures, il me dit que je le ruinais, et, quoiqu'il n'en pensât pas un mot, j'en suis certaine, il me jeta au visage, comme une insulte, qu'*il fallait que je fusse amoureuse de cette canaille d'acteur, pour le laisser mettre au pillage d'une pareille manière une maison qui ne m'appartenait pas !*...

» En frappant au hasard, mon père avait frappé juste.

» J'entrai dans une crise de sanglots et de désespoir qui l'effraya et qui le calma à l'instant même.

» Il se repentit de m'avoir parlé si durement, — et si injustement, croyait-il, — et il ne chercha plus qu'à me consoler.

» — Enfin, voyons, petite, — dit-il, quand mes larmes furent taries, — causons tranquillement : — Comment as-tu fait pour ouvrir un compte de cette importance à ce paltoquet de cabotin?

» — Je n'ai pas osé le lui refuser...—murmurai-je.

» — Tu as eu tort ; — il fallait au moins m'en parler...

» — J'ai cru qu'il payerait... et peut-être payera-t-il.

» — Payer!... lui!... — et avec quoi veux-tu qu'il paye?

» — Mais, avec ses appointements...

» — Allons donc!... — je parie qu'ils sont saisis pour tout le temps qu'il doit rester ici, et même plus, ses appointements!... Vois-tu, ma fille, ces gens de sac et de corde, tous c'est gens de théâtre!... — ça ne songe qu'à bambocher et à faire des *trous à la lune*... — Il faut dire adieu aux cent soixante francs... — Pourtant je les lui demanderai demain...

» — Poliment et doucement, n'est-ce pas, mon père?...

» — Je suis toujours doux et poli avec tout le monde... à moins qu'on ne m'échauffe les oreilles... — Mais, tu entends, plus de crédit!... — ni un sou, ni un centime...

» — Oui, mon père...

» J'allai me coucher, brisée de fatigue et d'émotion, et nullement rassurée sur ce qui se passerait le lendemain.

» Tout en me levant je fis une copie de la note de Varnier, avec son terrible total, et je la remis à mon père.

» Vers dix heures le comédien entra ; — il semblait de mauvaise humeur ; — il ne me salua qu'à peine et il alla s'asseoir à sa place habituelle, en criant :

» — Garçon, mon déjeuner ! — Côtelette et *beaune première*, — et qu'on se dépêche, je suis pressé !...

» Mon père sortit du laboratoire où il se trouvait et s'approcha de Varnier.

» — Bonjour, monsieur Maclet, — lui dit ce dernier, — ça va bien ?

» Mon père répondit affirmativement, puis, tirant un papier de sa poche, il le présenta à l'acteur.

» — Qu'est-ce que c'est que ça ? — demanda Varnier.

» — C'est votre petit compte... — nous sommes au 31... — j'ai demain des billets à payer, et...

» — Et, vous voudriez de l'argent ? — acheva Varnier.

» — Précisément.

» — Tant pis, monsieur Maclet, tant pis...

» — Pourquoi donc ?

» — Parce que vous venez dans un mauvais moment... — *les toiles se touchent,* — je suis à sec... — je vous payerai dans quelques jours...

» — Monsieur Varnier, il m'est impossible d'attendre...

» — Il le faudra cependant bien, monsieur Maclet ; — je palpe mes appointements le 5, — je vous donnerai votre argent le 5... — A combien se monte la petite note ?...

» — Une somme énorme !... cent soixante francs !...

» — Bagatelle, monsieur Maclet !...

» — Bagatelle pour vous, soit ! — somme énorme pour moi !...

» — Eh bien, le 5, c'est convenu ; — comptez sur cet argent comme si vous l'aviez... et qu'on me serve... — j'ai déjà dit que j'étais pressé !... — Allons, garçon, ces côtelettes...

» — Monsieur Varnier, — reprit, mon père, — je ne puis prolonger votre crédit ; — jusqu'au 5 je veux bien attendre, mais, d'ici là, je vous serai obligé de payer comptant...

» Varnier me lança par-dessus l'épaule de mon père, un regard foudroyant.

» Puis il jeta sur la table une pièce de cent sous, en disant avec insolence :

» — Prenez là-dessus votre déjeuner !... — la monnaie est pour le garçon !...

XII

POUR ACQUIT

» Aussitôt que son déjeuner fut achevé Varnier sortit, après m'avoir adressé un nouveau regard, plus menaçant encore que le premier.

» Il avait été convenu la veille que nous nous verrions à trois heures chez Angéline.

» Je trouvai un prétexte pour quitter le comptoir pendant quelques minutes et je courus au rendez-vous, car Varnier me courbait, je vous le répète, sous sa brutale domination, et je craignais toujours, en lui manquant de parole, de le pousser à faire un esclandre.

» Il m'accueillit par ces mots :

» — Ton père est une vieille canaille qui traite les artistes comme des goujats !... je lui revaudrai ça plus tard ; mais, en attendant, il faut que je le paye et je n'ai pas le sou...

» — Tu as jusqu'au 5, — murmurai-je, — et tes appointements...

» Varnier m'interrompit.

» — Mes appointements, — dit-il, — sont mangés et archi-mangés d'avance... ce n'est pas là-dessus qu'il faut compter...

» — Que feras-tu donc ?

» — J'ai un moyen qui peut réussir... je vais recourir à l'emprunt...

» — Qui te prêtera?

» — Pardieu, Salomon Caën, — le père aux écus, — la citrouille bourrée de lingots... — je lui ai déjà parlé... — il s'agit de trois cents francs... — il ne paraît pas trop mal disposé... Seulement il veut des renseignements.

» — Eh bien ?

» — Ton père doit-il s'absenter un de ces jours ?

» — Oui, après-demain.

» — Où va-t-il ?

» — A Nuits, où il a rendez-vous pour acheter du vin. — Il partira à dix heures du matin.

» — Parfait ! — j'irai dire à Salomon que le père Maclet me connaît et lui garantira ma solvabilité et mon honorabilité... — Salomon accourra... — En l'absence du père Maclet il s'adressera à toi et tu lui diras que je paye rubis sur l'ongle les notes les plus compliquées, etc... etc... enfin, tout ce que tu voudras de plus à ma louange...

» — Mais, — hasardai-je, — si M. Salomon rencontre plus tard mon père et s'explique avec lui ?...

» — Ça m'est fichtre bien égal !... j'aurai l'argent dans ma poche !

» Je courbai la tête une fois de plus, et je promis de faire ce que demandait Varnier.

» Salomon Caën est un vieux juif de la rue Saint-Pierre, — bien connu à Dijon et même à Paris. — La spécialité de cet ancien marchand de chevaux est de prêter de l'argent aux fils de famille, — aux étudiants et aux acteurs.

» Il a gagné une grosse fortune à faire ce métier-là.

» Vous ne pouvez pas vous figurer quelque chose de plus laid et même d'aussi laid que Salomon.

» Varnier . avait appelé une *citrouille bourrée de lingots*. — Varnier avait raison car la tête du juif, faite comme un potiron avec des yeux clairs et un petit nez en pied de marmite, sur un corps épais et court presque toujours enveloppé d'un paletot vert, ressemblait beaucoup et ressemble encore à une *citrouille* sur sa tige.

» — Est-ce que vous allez partir ? — demandai-je à mon père, le surlendemain, vers dix heures.

» — Non, non, — répondit-il, — je reste.

» — Mais je croyais que vous alliez à Nuits...

» — J'ai reçu une lettre, — le rendez-vous est changé, on ne m'attend pas aujourd'hui.

» Je me mis à trembler.

» Si Salomon Caën arrivait, ce qui ne pouvait manquer, — il se trouverait en face de mon père et c'est à lui qu'il s'adresserait.

» Je n'avais plus qu'un espoir, — c'est que Varnier n'aurait pas rencontré le juif.

» Cet espoir fut déçu.

» Vers onze heures, Salomon entra dans le café.

» — Bonjour, petite, — dit-il en me mettant sous le menton sa vilaine patte, — le père Maclet est-il là?...

» Mon père l'entendit et vint à lui.

» Il avait eu plus d'une fois recours au juif, dans des moments de crise pécuniaire, et il lui témoignait une grande considération apparente.

» — Qu'est-ce qu'il y a pour votre service, mon cher monsieur Salomon? — demanda-t-il.

» — Père Maclet, il s'agit d'un renseignement...

» — Un renseignement?

» — Oui, — sur quelqu'un que vous connaissez bien, qui me demande de l'argent, et qui prétend que vous répondrez moralement pour lui...

» — Voilà qui m'étonne! — s'écria mon père... — j'ai pour principe qu'il ne faut jamais s'engager pour personne, et qu'on a bien assez à faire de répondre pour soi...

» — Bon principe, cela, en règle générale... mais il y a des exceptions...

» — Je ne crois pas. — Enfin, voyons, de qui s'agit-il?...

» — D'un acteur.

» — Un acteur!... — répéta mon père avec un étonnement manifeste.

» — Oui, Varnier.

» L'étonnement de mon père fit place à une stupeur véritable.

» — Varnier vous a dit que je répondrais moralement pour lui?— murmura-t-il.

» — En propres termes.

» — Il vous a dit de vous adresser à moi?...

» — Il me l'a dit, il y a de cela tout au plus une heure...

» Mon père frappa sur une table de toutes ses forces...

» — Ah! sacrebleu! — s'écria-t-il, — en voilà du toupet!... — Ce drôle a perdu la tête, monsieur Salomon, ou il cherche à vous mystifier!...

» — On ne me mystifie jamais, — répliqua gravement le juif, — surtout quand on a besoin de moi...

» Puis il reprit :

» — Ainsi, vous ne connaissez pas Varnier?

» — Je ne le connais que trop, au contraire !

» — Il vous doit?...

» — Cent soixante francs!... — Si vous voulez m'acheter cette créance, je vous la vends à cinquante pour cent de perte..

» — D'après ce que vous m'en dites, je n'en donnerais pas vingt-cinq francs.

» — Et, franchement, je crois que vous feriez bien.

» — Pourquoi, diable, lui avez-vous ouvert un crédit ?

» — Ce n'est pas moi !...

» — Et, qui donc ?...

» — C'est cette sotte de Jane qui avait, ce jour-là, la tête à l'envers...

» Salomon me regarda fort ironiquement.

» — Ah! ah! — fit-il... — c'est la petite !... — Alors ça ne m'étonne plus... les jolies filles ont toujours un faible pour les jolis garçons!... — Au revoir, père Maclet, et merci, — vous me sauvez cent écus. — Quand vous aurez besoin de moi, je suis à votre service...

» — Ça n'est pas de refus, — dit mon père.

» Et il accompagna Salomon jusqu'à la porte.

» — Ah ! par exemple ! — s'écria-t-il en revenant, — voilà qui dépasse toutes les bornes !... — envoyer ici chercher des renseignements et dire que je répondrai pour lui!... — je n'en peux pas revenir de l'impudence de cette canaille-là !...

» Une heure se passa.

» Au bout de cette heure Angéline vint au café, s'approcha de moi, et me dit tout bas :

» — Viens chez nous sans perdre une minute, — Varnier est furieux !... c'est à grand'peine si j'ai pu l'empêcher de venir ici te faire une scène...

» — Ah ! mon Dieu !... — fis-je épouvantée, — empêche-le... retiens-le... j'y cours...

» — Oui, mais viens vite...

» Angéline sortit.

» Cinq minutes après, j'étais chez elle.

» Varnier, — pâle de colère, — se promenait de long en large dans sa chambre.

» — Ça ne peut pas aller comme ça !... — dit-il après une demi-douzaine de jurons atroces, — tu t'es entendue avec ton vieux bandit de père pour me turlupiner et m'empêcher d'avoir mon argent...

» — Peux-tu le croire ?... — balbutiai-je.

» — Comment si je le crois ?... — est-ce que n'est pas toi qui m'as dit que tu serais seule aujourd'hui...

» — Je ne savais pas que mon père n'irait point à Nuits.

» — Ah ! tu ne savais pas !... drôlesse !... eh bien ! il fallait savoir !... personne au monde ne s'est jamais moqué de moi !... — ce n'est pas toi qui commenceras !

» — Me moquer de toi... je n'en ai guère envie...

» — Prouve-le moi donc !...

» — Et comment ?...

» — J'irai ce soir au café, — remets-moi ma note acquittée.

» — Le puis-je ?... où prendrai-je l'argent pour le donner à mon père :

» — Eh! sacrebleu! prends-le où tu voudras !... ça ne me regarde pas !... — tout ce que je sais, c'est qu'il me faut ma note, ou sinon je te tutoie devant tout le monde, — je crie sous le nez de ton père que je suis ton amant, et, si le vieux coucou n'est pas content, je lui casse le bras qui lui reste...

» Ces horribles menaces me pétrifièrent.

» Varnier me prit par le poignet, et, me secouant brutalement, il ajouta :

» — Feras-tu ce que je te dis ?...

» — Oui... — balbutiai-je.

» — Ne l'oublie pas, au moins, car moi je n'oublierais rien, et, foi de Varnier, il t'en cuirait !...

» Je n'avais qu'un parti à prendre.

» Je courus au mont-de-piété, — je me dépouillai de ma chère petite montre, — n'en gardant que la châtelaine, — et j'obtins, non sans peine, qu'on me prêtât cent soixante francs.

» Je les changeai contre de l'or; je fis un petit rouleau des huit louis, et j'attendis le soir.

» A l'heure dite, Varnier arriva et s'approcha du comptoir.

» — Eh bien ? — me dit-il tout bas.

» Je lui glissai dans la main le rouleau d'or, et je répondis :

» — Le garçon te portera la note tout à l'heure ; — tu payeras devant tout le monde.

» — Bon.

» Et il alla s'asseoir à sa place accoutumée.

» Au bout d'un instant, j'appelai un garçon, et je lui donnai la note, au bas de laquelle j'avais écrit : *Pour acquit.*

» — Voici la note de M. Varnier. — lui dis-je, — elle est acquittée...

» Le garçon s'approcha du comédien, et sans variante, répéta :

» — Voici votre note, monsieur Varnier ; — elle est acquittée.

» Et il tendit la main pour recevoir l'argent.

» — Bien, — fit simplement Varnier qui prit la note, la plia et la mit dans son gousset.

» Puis il continua la lecture de son journal.

» Le garçon le regardait, bouche béante.

» Au bout d'une minute de stupéfaction, il ne trouva rien de mieux à faire que de répéter pour la seconde fois :

» — Elle est acquittée, monsieur Varnier...

» Le comédien releva la tête.

» — *Elle est acquittée...* — fit-il en imitant le ton du garçon et son air bête.

» Et, très-haut, il ajouta :

» — Pardieu ! je le sais bien, qu'elle est acquittée !... — j'ai payé tout à l'heure au comptoir mamselle Janne... — Tiens, imbécile, voilà ton pourboire...

» En disant cela il jeta une pièce de vingt sous sur le marbre.

» Le sang venait de me monter avec une telle violence aux joues et aux yeux qu'il me semblait que ma tête allait éclater.

» Le garçon se tourna vers moi.

» — Mamselle, — dit-il avec un accent dans lequel perçait le doute, — M. Varnier vient de vous payer ?...

» — Certainement, — répondis-je en faisant sur moi-même un effort surhumain, — c'est pour cela que j'envoie à M. Varnier sa note acquittée... — Vous n'aviez donc pas compris ?

» Le garçon hocha la tête, et se mit à chuchoter tout bas avec son camarade.

» Je devinai bien ce qu'il pouvait lui dire, et je ne sais pas comment, dans ce moment-là, je ne suis pas morte de honte !...

XIII

COMPLICATION

» Par bonheur pour moi mon père était absent au moment où cette petite scène se passait.

» Varnier jouait dans la seconde pièce et ne tarda guère à sortir du café.

» Mon père rentra tard et il ne sut rien.

» Le lendemain, de très-bonne heure, je sortis, après avoir pris ma châtelaine, et mes pauvres bijoux de jeune fille.

» Comme la veille, je courus au mont-de-piété, et j'obtins à grand'peine un nouveau prêt de cent soixante francs, — je dis, à *grand'peine*, car on ne voulait d'abord m'en donner que cent trente.

» J'attendis que mon père fût appelé au dehors par quelque course, et quand il rentra je lui dis :

» — M. Varnier est venu...

» — Ah ! le drôle !... — heureusement je n'étais pas là !... sans cela je lui aurais dit son fait !...

» — Je crois que vous auriez eu tort...

» — Tort !... et pourquoi donc ça ?...

» — Parce qu'il a payé.

» — Payé !... répéta mon père.

» — Parfaitement et intégralement.

» — Allons donc !...

» — Voici l'argent.

» Mon père n'en croyait pas ses yeux.

» Il était allé chez le caissier du théâtre, qui lui avait dit que les appointements de Varnier étaient engagés ou saisis pour plusieurs mois.

» Il regardait l'une après l'autre les pièces d'or, pour s'assurer qu'elles étaient de bon aloi.

» — Je n'en reviens pas, — fit-il ensuite, — le compte y est !... — quelle chose étonnante !... — un argent que je croyais si bien flambé !... — décidément je jugeais mal ce pauvre Varnier... — quoique cabotin c'est un galant homme... je l'estime... — seulement ne lui fais plus de crédit ; — ce qui arrive une fois n'arrive pas deux...

» — Comment voulez-vous que je m'y prenne pour le faire payer tous les jours, lui qui est un habitué ?... — c'est impossible...

» — Tu as raison... Ouvre-lui donc un petit compte ; — mais quand ce compte se montera à quinze ou vingt francs, arrête les frais...

» Quelques jours après, mon père m'annonça que nous irions le lendemain, à Talent chez ma tante, chercher ma sœur...

» — Est-ce que vous la reprenez avec nous ? — lui demandai-je.

» — Oui.

» — Ah ! tant mieux !...

» Mon père ajouta :

» — Ça te fera une société ; — d'ailleurs, il faut bien la mettre au fait, pour qu'elle puisse, — si cela devenait nécessaire, — te remplacer au comptoir.

» — Me remplacer !... m'écriai-je, — et pourquoi me remplacerait-elle donc ?

» — On ne sait pas... — te voilà grande et belle fille... on peut te demander en mariage un jour ou l'autre...

» Je baissai les yeux, et, malgré moi, je répondis :

» — Je ne me marierai jamais...

» — Et pourquoi donc ça ?...

» — Parce que je ne veux pas me marier...

» Mon père se mit à rire.

» — Idée de jeune fille, — dit-il ensuite, — vous êtes toutes comme ça, et, quand un mari se présente, vous avez beau ne pas vouloir vous marier, vous oubliez comment on dit : — *Non.*

» Mon père se croyait bien certain d'avoir raison.

» Moi, de mon côté, j'étais sûre de ma résolution. — Dans ce temps-là j'avais encore assez de cœur pour ne vouloir point épouser un honnête homme, après ce qui s'était passé !...

» Et pourtant, malgré ces beaux projets-là, je devais me marier bientôt...

» Il est vrai que ce n'est pas un honnête homme que j'allais épouser ! — enfin, vous verrez.

» Je questionnai mon père, pour savoir s'il me parlait ainsi, vaguement et au hasard, — ou s'il avait en vue pour moi quelque mariage?...

» Je n'en pus absolument rien tirer.

» Le lendemain, ainsi que j'en avais été prévenue, nous allâmes à Talent.

» Ma tante nous reçut à merveille; — mais quand mon père lui eut annoncé qu'il allait lui prendre ma sœur comme déjà il m'avait prise, elle se mit à pleurer et elle répéta tous les raisonnements qu'elle avait jadis faits à mon sujet.

» — Vous voyez bien, — lui répondit mon père, que vos craintes sont sans fondement ! — A vous entendre, Jane allait se perdre dans mon café, et ça lui pendait à l'oreille; — cependant, grâce à Dieu, la voici plus honnête fille que jamais, et, sauf qu'elle a parfois la tête un peu légère, — mais c'est de son âge ! il n'y a rien à lui reprocher...

» Je rougis jusqu'au blanc des yeux, en entendant mon père me donner, avec une bonne foi si grande, un éloge si peu mérité.

» Ma tante fit comme pour moi.

» Une fois qu'elle eût dit tout ce qu'il lui semblait qu'en conscience elle devait dire, elle n'insista plus; et, quoiqu'elle ne prit guère son parti de se séparer de ma sœur, qu'elle regardait comme sa fille, elle n'ajouta pas un mot pour essayer d'ébranler encore la résolution de mon père.

» Vers neuf heures du soir, nous revînmes avec ma sœur.

» La chambre que j'occupais était trop petite pour qu'il me fût possible de la partager; — mon père avait fait préparer la veille une autre chambre encore plus étroite où devait coucher Virginie.

» Je ne vous ai rien dit de cette sœur, et je n'ai pas grand'chose à vous en dire.

» On ne peut rien imaginer de plus insignifiant que ce qu'elle était alors.

Plus jeune que moi d'un an, et plus grande de toute la tête, — elle n'était ni belle ni laide, — ni gaie ni triste, — ni gauche ni gracieuse, — ni bonne ni méchante.

» Elle ressemblait parfaitement à une paysanne, et, quand elle fut habillée en *demoiselle*, il arriva que ses vêtements élégants semblaient toujours sur elle une parure d'emprunt.

» Elle s'installa avec moi au comptoir, — s'étonnant de tout, — faisant à propos de tout des remarques saugrenues, — et j'eus une peine infinie à la mettre au courant des choses les plus simples.

8.

» Sa présence, au lieu de me donner plus de liberté, m'astreignait au contraire à ne sortir presque jamais du café, où pour rien au monde elle n'aurait voulu rester seule.

» Je n'allais que très-rarement chez Angéline, et c'est à peine si je voyais Varnier en particulier.

» J'étais bien loin de m'en plaindre et j'espérais même que cette odieuse liaison finirait par se dénouer ainsi tout doucement. — Parfois je me disais qu'au printemps le comédien quitterait Dijon pour n'y plus revenir, et, véritablement, je ne pouvais imaginer de plus grand bonheur que celui d'être débarrassée enfin de cet amant odieux.

» Il y a longtemps que je ne vous ai parlé de Paul Bérard.

» Son rôle va cependant prendre une triste importance dans mon histoire.

» Bérard continuait à venir me coiffer tous les matins, — il affectait de nouveau avec moi ces manières galantes et familières qui m'impatientaient si fort.

» Il passait la moitié du temps de la séance à chercher à m'embrasser. — Vingt fois j'avais été au moment de dire à mon père de congédier Bérard, mais je m'étais mise si bien et si absolument dans la dépendance de la femme que je n'osais risquer de m'attirer la haine du mari et je continuais à me taire et à prendre patience.

» Un matin, au moment où Paul Bérard sortait de

ma chambre après m'avoir coiffée, il rencontra mon père dans le petit couloir et se mit à causer avec lui.

» Comme leur dialogue se prolongeait outre mesure, ma curiosité s'en trouva éveillée, — j'appuyai mon oreille contre la porte et j'entendis, d'une façon à peu près distincte, des lambeaux de conversation qui me parurent singuliers.

» — Ainsi, — demandait Bérard, — vous ne lui avez encore parlé de rien?...

» — Vous êtes fou! — répondit mon père... — est-ce que je peux parler avant que ça soit tout à fait fini d'un autre côté...

» — C'est vrai... — mais cependant, si, après rupture, l'affaire allait ne pas s'arranger, qui serait bien attrapé? c'est moi...

» — Que voulez-vous que j'y fasse?... les choses sont comme vous les avez faites... — Agissez, je parlerai, — sinon, non...

» — Enfin, croyez-vous que j'aie des chances?

» — Certainement, je le crois ; — sans cela je vous dirais ; — *Restez comme vous êtes, — vos affaires ne me regardent pas...*

» — Si seulement vous vouliez me faire une promesse positive...

» — Je ne peux promettre ce qui ne dépend point entièrement de moi...

» — Bah! — si ça vous convenait de dire : *je veux!* avec une grosse voix...

» — Peut-être, mais ça ne me convient pas...

» — Allons, je me décide...

» — A en finir?...

» — Oui.

» — Vous faites bien... — mais ne changerez-vous pas d'idée?...

» — Non.

» — Et, quand en finirez-vous?

» — D'ici à trois jours.

» — Pourquoi trois jours ? — une heure suffit.

» — Oui, à la rigueur; — mais, vous comprenez, il y a des ménagements à garder.

» — C'est votre affaire... — je ne puis que vous répéter : — *Agissez*, — *j'agirai de mon côté...*

» La conversation s'arrêta là.

» Bérard et mon père se séparèrent, et je restai très-surprise et très-intriguée de ce que je venais d'entendre. »

XIV

MYSTÈRE.

Jane continua :

— Je vous ai dit que je restais très-surprise et très-intriguée de ce que je venais d'entendre.

« Ces lambeaux de la conversation de mon père et de Bérard me préoccupaient singulièrement.

» Pourquoi?

» Je n'en savais rien, ou plutôt je ne m'en rendais pas compte.

» Toujours est-il que cette préoccupation, au lieu de s'effacer peu à peu, à mesure que les heures s'écoulaient, ne fit que croître et embellir.

» Il me semblait que ces paroles surprises à la dérobée devaient avoir un sens mystérieux et se rapporter à moi.

» Mais, de quelle façon?

» Voilà ce qu'il m'était parfaitement impossible de deviner, et je crois que de plus habiles n'y eussent pas mieux réussi que moi.

» La journée se passa ainsi, et plus d'une fois, j'imagine, mes distractions durent étonner nos habitués.

» Quand vint le soir, j'avais horriblement mal aux nerfs, — fâcheux état qui s'augmentait d'instant en instant, d'autant mieux que ma sœur Virginie, — vous ai-je dit que ma sœur s'appelait ainsi? — habituellement assez silencieuse, ce qui était du moins un mérite à défaut d'autre, semblait prendre à tâche de m'agacer par un bavardage oiseux et continu. — Elle me faisait sans relâche les plus sottes questions, et à toute force il me fallait lui répondre.

» Combien je regrettais le temps où j'étais seule au comptoir!...

» Vers huit heures, — n'y pouvant plus tenir, — je dis à mon père :

» — Puis-je sortir pendant un instant?...

» — Sans doute, me répondit-il par habitude.

» Mais, se ravisant aussitôt, il ajouta :

» — Où veux-tu aller?

» — Chez Angéline.

» Mon père secoua la tête.

» Je ne fis pas semblant de m'en apercevoir, et je me dirigeai vers la porte.

» Il me retint.

» — Toute réflexion faite, — dit-il, — il vaut mieux que tu ne sortes pas aujourd'hui.

» — Mais, vous venez de me le permettre...

» — Eh bien! je retire la permission, voilà tout.

» — Pourquoi?

» — Parce que ça me convient comme ça...

» — Je vous assure que j'ai horriblement mal à la tête...

» — Si tu es malade, monte à ta chambre et mets-toi au lit, cela vaudra mieux que d'aller courir.

» Je n'insistai pas, — car lorsque mon père avait pris une décision il ne fallait point songer à l'en faire revenir.

» Seulement je montai dans ma chambre, — ainsi qu'il venait de me le conseiller.

» Je voulais me débarrasser des bavardages de ma sœur, et aussi pouvoir réfléchir à ce qui se passait.

» J'étais de plus en plus convaincue que la conversation du matin avait eu rapport à moi d'une façon quelconque.

» Il me semblait non moins évident que mon père, pour une raison ou pour une autre, ne voulait plus me laisser voir Angéline...

» Que se passait-il donc, et qu'allait-il résulter de tout ce mystère?...

» Je ne fermai pas l'œil de la nuit, et, le matin venu, je ne me trouvai pas plus avancée que la veille au soir.

» A l'heure accoutumée, j'attendis vainement Bérard.

» Mon projet était de le questionner avec adresse et de tirer quelque chose de lui.

» Son inexactitude me contraria vivement.

» Après vingt minutes d'impatience, je n'y tins plus et je l'envoyai chercher par un de nos garçons de café.

» Ce garçon revint me dire, au bout d'un instant, que le magasin était fermé et les salons de coiffure également.

« Le magasin et les salons fermés !... ceci dépassait toutes les limites de l'invraisemblance !... A coup sûr il se passait des choses prodigieuses !....

» Ma préoccupation et ma curiosité se changeaient rapidement en inquiétude...

» Je me coiffai moi-même et je descendis.

» Il n'y avait que très-peu de monde au café.

» J'abordai mon père et lui dis :

» — Vous savez que M. Bérard a jugé convenable de ne point venir me coiffer ce matin...

» — Ah! ah! — fit-il pour toute réponse.

» Je repris :

» — Je l'ai envoyé chercher par Auguste...

» — Eh bien?

» — Eh bien! le magasin est fermé!

» — Ah! ah! — fit de nouveau mon père en prenant un air jovial et en se frottant les mains.

» Ceci m'irrita.

» — Je n'aime pas qu'un coiffeur se permette des inexactitudes de ce genre, — continuai-je, — et je vous prie de vouloir bien vous entendre avec un autre que M. Bérard...

» Mon père me donna une petite tape sur la joue, comme à une enfant, et répliqua en riant :

» — Un peu d'indulgence, fifille, — Bérard sera plus exact une autre fois... — il est peut-être moins coupable que tu ne le penses, et je me porte garant qu'il ne méritera plus tes reproches à l'avenir...

» — Comme vous le défendez ! — murmurai-je.

» — Eh bien, où est le mal ?

» — Vous savez donc pourquoi il n'est pas venu ?

» — Peut-être...

» — Alors, dites-le moi ?

» — Nenni !

» — Pourquoi ?

» — Parce que ça ne te regarde pas ; c'est-à-dire, si, ça te regarde bien un peu... enfin, tu auras plus tard...

» Et, là-dessus, pour éviter d'autres questions auxquelles il ne voulait pas répondre, mon père me quitta et se retira dans le laboratoire.

» J'allai m'asseoir, plus désappointée, — plus intriguée, — plus préoccupée que jamais.

» A deux heures de l'après-midi, un commissionnaire entra dans le café et vint à moi.

» Mon père était sorti et Virginie était dans sa chambre.

» — Qu'est-ce que vous voulez? — demandai-je au commissionnaire.

» — Voici une lettre pour vous, mam'selle Maclet, — me répondit-il.

» — De quelle part?

» — De la part de madame Angéline Bérard.

» — Donnez vite.

» Je payai le Savoyard... — A Dijon on appelle tous les commissionnaires *Savoyards*, même quand ils sont Auvergnants, Franc-Comtois, ou Dijonnais, — et je déchirai vivement l'enveloppe.

» Enfin, sans doute, j'allais savoir le mot de l'énigme, ce mot que, depuis la veille, je cherchais si ainement.

» Donc j'ouvris la lettre, et voici ce que je lus, — (ne vous étonnez pas si je me rappelle textuellement le contenu de ce billet, — d'abord il n'était pas bien long, et puis vous conviendrez que les quelques lignes qu'il renfermait devaient produire sur moi une certaine impression; — d'ailleurs je le relus, non pas une fois, mais dix, mais vingt, mais cent...)

» Enfin, ces lignes, les voici :

« Si tu te figures, ma chère ex-amie, que je suis
» vexée du tour que tu me joues, tu te trompes beau-
» coup. — Rien au monde ne pouvait m'être plus
» parfaitement indifférent, et même plus agréable.

» — Ta bonne volonté n'a fait qu'avancer de quel-
» ques jours ce qui serait arrivé la semaine pro-
» chaine, car j'étais bien décidée à en finir. — Seu-
» lement, tout en te remerciant du résultat, je ne te
» remercie pas du procédé. — Ce procédé est abo-
» minable, ignoble, et vraiment digne d'une petite
» sainte nitouche comme toi !... — Tu as oublié, à
» ce qu'il paraît, ma chère ex-amie, que j'en savais
» un peu trop long sur ton compte pour que tu
» puisses, sans danger, te permettre à mon égard de
» semblables plaisanteries. — Je suis bonne natu-
» rellement, mais je ne pardonne jamais une saleté.
» — Peut-être ne tarderas-tu pas beaucoup à en
» avoir la preuve.
» Je ne te dis pas adieu, petite Jane, — je te dis au
» revoir, car nous nous reverrons, ma chère, et tu
» entendras parler de moi.

» ANGÉLINE. »

» La lettre me tomba des mains.
» Je me demandai si je rêvais...
» Qu'avais-je fait à Angéline ?
» De quel mauvais tour parlait-elle ?
» De quoi pouvait-elle m'accuser ?
» Qu'y avait-il eu de blessant dans mes procédés à son égard ?
» A quel propos ces menaces ?
» Je me posai toutes ces questions à la fois, et à aucune je ne pus répondre...

» A coup sûr je m'étais trompée... j'avais mal lu ou mal compris...

» Je repris la lettre et je recommençai à la lire.

» Non, je ne me trompais pas...

» Tout ce que j'avais cru y voir y était bien en effet...

» Le doute devenait impossible... — Angéline ou moi, nous étions folles... — Mais était-ce elle?... était-ce moi?...

» A cette perplexité énervante se joignait une terreur profonde.

» Quel que fût le mobile auquel obéissait Angéline, je devais tout craindre...

» Si elle voulait me perdre, elle le pouvait.

» Le voudrait-elle?

» Je ne sais pas si j'ai des ennemis... mais, si j'en ai, je vous jure que je ne leur souhaite pas de souffrir autant que je souffris ce jour-là...

» Si du moins j'avais compris... si j'avais su...

» Mais je ne savais rien, et je ne comprenais pas...

» Que n'aurais-je pas donné pour une solution?...

» Cette solution arriva...

» Je vous ai dit que mon père était absent quand le commissionnaire m'avait apporté la lettre d'Angéline.

» Son absence fut longue.

» Au moment où il revenait il rencontra, sur le seuil du café, Bérard qui venait du côté opposé.

» Tous deux entrèrent.

» Mon père échangea avec le coiffeur deux ou trois mots que je n'entendis pas, puis ils montèrent ensemble au premier étage par l'escalier qui conduisait à nos chambres.

» Bérard, en passant devant le comptoir, me salua avec affectation, et m'envoya un sourire avec un regard accompagné d'un clignement d'œil mystérieux.

» Qu'est-ce que cela voulait dire?

» Quel mystère y avait-il donc entre Bérard et moi.

» Comme on dit au théâtre, *la situation se corsait.*

» L'entretien des deux hommes dura à peu près une demi-heure.

» Au bout de ce temps, ils redescendirent.

» Bérard s'approcha de moi et me dit :

» — Mam'selle Jeanne, j'ai bien des excuses à vous faire...

» Je ne pensais plus à son inexactitude et je demandai :

» — De quoi donc?

» — Mais de n'être pas venu ce matin... j'espère que vous ne m'en voulez pas?...

» — Oh! pas le moins du monde...

» — Et bien vous faites, mam'selle Jane, car je vous réponds qu'il n'y avait en rien de ma faute... — Le *papa* Maclet a dû vous le dire...

» — Mon père ne m'a rien dit...

» — Eh bien, mam'selle Jane, il vous expliquera mes raisons... et j'ose espérer que vous les trouverez bonnes... il a bien des choses à vous dire, le *papa* Maclet... il doit plaider auprès de vous une cause si importante pour moi !... ah ! mam'selle Jane, mam'selle Jane, c'est un jour terriblement intéressant, que celui-ci...

» — Intéressant ?... pourquoi donc ?

» — Pour beaucoup de raisons...

» — Lesquelles ?

» — Je ne peux pas vous expliquer ça, moi,.. c'est l'affaire du papa Maclet. — Ah ! mam'selle Jane, mam'selle Jane, je suis si troublé que je m'en vais, mais je reviendrai bientôt pour apprendre mon sort...

» Je mourais d'envie de demander à Bérard des nouvelles d'Angéline, mais, je ne sais pourquoi, je n'osai pas.

» Bérard me prit la main.

» — Permettez-moi ? — fit-il.

» — Quoi donc ?

» Bérard approcha ma main de ses lèvres et la baisa deux ou trois fois.

» — Ceci, — répliqua-t-il en souriant.

» Je devins rouge, — je retirai ma main et je regardai mon père.

» Il riait.

» Bérard me salua et sortit, en me lançant un dernier regard.

» — Qu'est-ce que tout cela veut dire? — demandai-je à mon père.

» — Nous allons monter en haut, et je te l'expliquerai, — répondit-il.

» En même temps il appela :

» — Virginie!... Virginie!...

» Ma sœur descendit.

» Mon père l'installa au comptoir, — il lui recommanda de ne pas faire de bévues, puis il m'engagea à le suivre.

» — Où donc allons-nous? — lui dis-je.

» — Dans ta chambre.

» Le cœur me battait aussi fort que le jour de ma première entrevue avec Varnier.

XV

LE PÈRE ET LA FILLE.

» Nous arrivâmes dans ma chambre.

» Mon père s'assit.

» Je me tins debout devant lui.

» Mon trouble était excessif, mais il ne s'en apercevait pas, car lui-même semblait très-embarrassé et il cherchait évidemment un moyen d'entrer en matière.

» Ce qu'il avait à m'apprendre était donc bien difficile à dire!...

» Enfin il commença :

» — Te souviens-tu, fifille, du jour où nous avons été chercher ta sœur à Talent ? — me demanda-t-il.

» — Parfaitement.

» — Te souviens-tu que je t'ai dit, avant de partir, qu'il fallait mettre Virginie en état de te remplacer au comptoir si cela devenait nécessaire?...

» — Je m'en souviens très-bien aussi...

» — Tu m'as demandé pourquoi? — Je t'ai répondu que tu devenais grande et belle fille, et que, d'un jour à l'autre, il pouvait se présenter un mari pour toi...

» — Oui, mais j'ai répliqué que je ne voulais pas me marier...

» — Ta!... ta!... ta!... — encore une fois, idées de jeunes filles! absurdités!... folies!... tout ça n'a pas le sens commun!... — Tu ne te feras point religieuse, j'imagine... par conséquent il faut te marier... et le plus tôt sera le mieux...

» Je sentis un petit frisson qui me courait le long du dos...

» — J'espère bien, — m'écriai-je, — que personne ne pense à moi...

» — C'est ce qui te trompe, — répondit mon père.

» — On me demande en mariage?

» — Parfaitement.

» — Est-ce sérieux, cela, mon père?

» — Rien n'est plus sérieux.

» — On me demande!... et, qui donc?...

» Ici, l'embarras de mon père parut redoubler.

» Il ne répondit pas tout de suite.

» — Voyez-vous la petite curieuse!... — dit-il au bout d'un instant, — elle ne veut point se marier, mais elle grille de savoir le nom de son futur!... —

Eh! bien, fifille, celui qui te demande est un beau garçon, que tu connais bien...

» — Je le connais?...

» — Oh! le mieux du monde, — il est très-amoureux de toi, il te rendra parfaitement heureuse, — il fait de bonnes affaires, et, ce qui ne gâte rien, il a déjà mis de côté un fort joli *magot*... — bref, c'est un parti superbe...

» — Mais, son nom, enfin ? — son nom ?

» Il n'y avait plus moyen de reculer.

» — Eh bien, — dit mon père, — c'est Bérard.

» Je me mis à rire très-franchement, je vous assure, et je répondis :

» — Ah! je savais bien que vous plaisantiez...

» — Mais, non, je ne plaisante pas...

» — C'est donc la mode, aujourd'hui, que les maris aient deux femmes?...

» — Bérard n'est pas marié.

» — Allons donc!... et Angéline?...

» — Angéline n'était point la femme de Bérard...

» — Qu'était-elle donc?

» — Sa maîtresse ; — ils vivaient ensemble depuis plusieurs années, et il s'est séparé d'elle définitivement ce matin, avant de me faire sa demande officielle; — tout est fini entre eux, je t'en réponds...

» Ces paroles furent pour moi un trait de lumière.

» Elles éclairèrent ce qui m'avait paru obscur et incompréhensible jusque-là.

» La lettre d'Angéline se trouvait expliquée.

» Bérard la quittait pour me demander en mariage ; — elle me croyait complice de son abandon ; — peut-être même pensait-elle que j'avais provoqué la démarche de son amant...

» De là, sa colère, — de là ses menaces.

» Les apparences étaient contre moi, et je ne doutais point qu'Angéline, furieuse de ma trahison prétendue, ne cherchât à s'en venger par tous les moyens, ainsi qu'elle me l'avait annoncé dans son billet.

» Ma terreur alors fut au comble ; — j'éclatai en sanglots, et, sans trop savoir ce que je disais, je murmurai :

» — C'est une infamie !...

» Mon père se méprit au sens de mon exclamation.

» Il imagina que, dans mon ignorance de jeune fille, je m'indignais de la conduite de Bérard, vivant maritalement avec une femme à laquelle il faisait porter son nom, puis la laissant là un beau matin.

» Aussi se hâta-t-il de répliquer :

» — Tu as tort, fifille, de te monter la tête comme ça... — les hommes, vois-tu bien, — j'entends les garçons, — ne sont pas obligés de vivre comme des moines... — Tous les jours on voit des choses pareilles à celle qui t'exaspère si mal à propos... — On a une maîtresse... — on vit avec elle... — cette maîtresse veut passer pour une femme honnête ; — elle

vous tourmente pour lui laisser porter votre nom...
— on cède, et voilà un ménage clandestin qui s'établit et qui dure plus ou moins longtemps... — Mais il faut toujours bien en finir, — on sent le besoin de se marier sérieusement, — on souhaite le bonsoir à la femme de contrebande, — on prend une légitime épouse par-devant M. le maire et par-devant M. le curé, et l'on se trouve être un parfait mari... — Voilà ce qui arrivera à Bérard... — D'ailleurs je me suis laissé dire que madame Angéline, dans les derniers temps, était devenue un peu plus que légère... je regrette même que tu en aies fais ton amie ; c'était une mauvaise connaissance pour une jeune fille ; enfin, que veux-tu? nous ne savions ni l'un ni l'autre... nous avons péché par ignorance...

» Mon père s'arrêta, croyant sans doute que j'allais lui répondre.

» Mais je gardai le silence en pleurant toujours.

» Alors, il reprit :

» — Ainsi, c'est convenu, n'est-ce pas?...

» — Quoi? — balbutiai-je.

» — Tu consens?...

» — A épouser M. Bérard?...

» — Oui.

» — Non, — m'écriai-je, — non! cent fois non!...

» Mon père fronça le sourcil.

» — Ah çà, — fit-il, — deviens-tu folle?... positivement folle?...

» Je baissai la tête, et je gardai le silence.

» — Voyons, — dit mon père, — veux-tu que je te laisse un peu de temps pour réfléchir et pour te décider ?...

» — Ce n'est pas la peine.

» — Comment, ce n'est pas la peine ?...

» — Je ne changerai point d'idée, et je répondrai toujours : Non !...

» — Mais, pourquoi ?... enfin pourquoi ?...

» — D'abord, parce que je ne veux pas me marier, je vous l'ai déjà dit, et, ensuite, parce que, si j'épousais quelqu'un, ça ne serait pas M. Bérard...

» — Il te déplaît donc beaucoup ?

» — Il fait plus que me déplaire... je le déteste...

» — Comment peux-tu détester un homme qui est jeune, joli garçon, élégant, et qui ne t'a jamais rien fait ni rien dit de désagréable ?...

» — Je ne sais pas comment cela peut se faire, mais je sais que c'est comme ça.

» Mon père haussa les épaules, se leva, et fit deux ou trois tours dans la chambre en marchant vivement.

» Puis il s'arrêta de nouveau devant moi.

» — Ecoute, — dit-il, — tu lasserais la patience d'un saint ; — cependant je ne veux pas me mettre en colère, — raisonnons un peu...

» — Raisonnons tant que vous voudrez...

» — Je deviens vieux...

» — Vous êtes fort et bien portant comme à trente ans.

» — Je te dis que je deviens vieux... j'ai des rhumatismes qui me font souffrir... des étourdissements qui me joueront un mauvais tour, et, du jour au lendemain, je puis *passer l'arme à gauche*...

» Je voulus parler.

» Mon père ne me laissa pas le temps de l'interrompre, et il poursuivit :

» — Or, sais-tu où vous en seriez, ta sœur et toi, s'il m'arrivait un malheur ?... — vous vous trouveriez toutes les deux dans la plus profonde misère...

» — Dans la misère... — murmurai-je.

» — Oui. — Tu ne le crois pas... — je vais te le prouver... — je fais de très-mauvaises affaires...

» — Vous, mon père !...

» — Oui, moi... — Dans la ville on ne s'en doute point encore, heureusement... — mon café va de mal en pis... — les clients ne manquent pas, c'est vrai, mais le diable s'en mêle, — je ne puis joindre les deux bouts ; — ce n'est qu'à force de circulations de billets et de renouvellements que je m'en tire, — cela marchera, peut-être, encore un certain temps, mais au bout du fossé la culbute... — une faillite me pend à l'oreille... Si je venais à mourir demain, vous ne trouveriez pas un sou vaillant et je ne vous laisserais que des dettes... — encore une fois, ta sœur et toi, que deviendriez-vous ?

» — Nous travaillerions pour vivre...

» — Ta ! ta ! ta !... vous travailleriez ! c'est bientôt dit !... et à quoi travailleriez-vous ? vous ne savez rien faire...

» — Ma sœur sait coudre et je sais broder...

» — Oui, et avec votre couture et votre broderie, vous gagneriez peut-être bien à vous deux vingt sous par jour !... on vit joliment avec cela !...

» Je baissai la tête de nouveau, et je ne répondis rien.

» Mon père continua :

» — Il se présente un parti superbe et tout à fait inespéré dans notre position... — Bérard a de l'argent comptant, un bon commerce, de l'activité, — il fait des affaires d'or... — il est fou de toi, puisqu'il te demande sans dot ; — en l'épousant, tu assures ton avenir, et en même temps celui de ta sœur, car s'il m'arrivait malheur tu la prendrais avec toi... et me voilà tranquille pour vous deux...

» Mon père se tut pendant un instant, afin de me laisser le temps de bien peser dans mon esprit ce qu'il venait de me dire :

» Ensuite il reprit :

» — Voyons, m'as-tu écouté ? m'as-tu compris ?...

» — Parfaitement.

» — Comment trouves-tu mes raisons ?

» — Excellentes.

» — Vrai ? — s'écria-t-il joyeusement.

» — Rien n'est plus vrai.

» — Alors, tu es de mon avis relativement aux avantages de ce que je te propose?

» — Je suis de votre avis.

» — Et tu acceptes?

» — Non, je refuse.

» Mon père me regarda d'un air moitié stupéfait, moitié furieux.

» — Comment? — comment? — s'écria-t-il, — tu trouves que j'ai raison, et tu t'obstines!...

» — Je trouve que vous avez raison; mais, comme j'aimerais mieux mourir de faim que d'épouser M. Bérard, je trouve que j'ai raison aussi, et ma résolution n'est pas changée.

» Je ne sais où je prenais le courage de tenir tête à mon père d'une façon aussi énergique; — je n'y comprends plus rien moi-même.

» Mon obstination l'exaspéra.

» Il frappa un grand coup sur une petite table avec l'unique poing qui lui restait, il se mit dans une de ces colères dont je vous ai déjà parlé, et il me fit une scène terrible qui dura près d'une heure.

» Puis, voyant qu'il n'obtenait absolument rien, pas plus par les menaces que par la persuasion, il finit par se calmer et sortit de ma chambre en me déclarant qu'il me donnait quinze jours pour réfléchir et me décider, et qu'au bout de ces quinze jours, si je n'étais pas devenue plus raisonnable, il prendrait un grand parti.

» Quel était ce grand parti dont parlait mon père? je ne le sais pas, et je crois même qu'à ce moment ce n'était là qu'une menace en l'air.

» Je restai seule et en proie au désespoir le plus profond que j'eusse ressenti jusqu'alors.

» Tout se réunissait pour m'accabler.

» Les menaces d'Angéline qui, peut-être, ne tarderaient guère à se réaliser.

» Le courroux de mon père et les persécutions que j'allais avoir à endurer de sa part, pour me forcer à revenir sur une décision irrévocable ou qui du moins me semblait telle...

» Quant à céder et à devenir la femme de Bérard, la chose me paraissait impossible, pour plus d'une raison...

« D'abord je vous ai déjà dit que, depuis que j'avais été la maîtresse de Varnier, je m'étais juré à moi-même de ne me marier jamais...

» Je voulais ensuite prouver à Angéline, par un refus éclatant, que je n'étais point complice de la façon dont Bérard se conduisait avec elle, et détourner ainsi de moi les effets de sa vengeance...

» Bérard, enfin, — depuis qu'il me demandait en mariage, — m'inspirait une involontaire et insurmontable répugnance.

» Ainsi que je l'avais affirmé à mon père, j'aurais

mieux aimé mourir de faim que de devenir la femme de Bérard...

» Comparé à lui, Varnier, l'odieux Varnier, le détesté Varnier, me semblait reprendre une grande place dans mes affections, et, malgré toute l'impardonnable bassesse de sa conduite à mon égard, j'étais loin d'éprouver pour lui cette invincible répulsion que m'inspirait Bérard...

» Pourquoi cela ?...

» Oui, pourquoi ?... car enfin l'un s'était conduit avec moi d'une manière indigne, l'autre ne m'avait jamais rien fait...

» J'étais parfaitement sûre de la bassesse du premier... — je ne pouvais que deviner instinctivement celle du second...

» Ce que j'éprouvais était donc un sentiment étrange et pour ainsi dire absurde...

» Mais, encore une fois, c'était comme cela.

» Je puis bien vous dire, à peu près, et tant bien que mal, ce qui se passait en moi.

» Mais ne me demandez pas de vous l'expliquer ; je suis sûre que je n'en viendrais pas à bout, je n'essayerai même point de le faire...

XVI

DÉCISION

» Pendant tout le reste la journée, je restai enfermée dans ma chambre...

» Je ne cessai pas un seul instant de pleurer, et certainement quelqu'un qui m'aurait vue ce soir-là n'aurait pu me reconnaître, tant mon visage était boursouflé et livide, mes yeux rougis et gonflés.

» Quelle nuit je passai !

» Mais, bah !

» Aujourd'hui tout cela est bien loin, — il ne faut plus y penser, ou, si l'on y pense, il faut en rire...

» Le lendemain matin, mon père me fit dire par un des garçons de descendre au comptoir.

» Je baignai à plusieurs reprises ma figure dans de l'eau fraîche, pour effacer la trace de mes larmes ; —

je frottai longuement mes joues avec mon mouchoir afin d'y ramener leurs couleurs habituelles, et j'obéis à mon père.

» Malgré toute la peine que je venais de me donner pour *faire mon visage* (comme nous disons, nous autres artistes), j'étais d'une pâleur mortelle et je me soutenais à peine.

» Il est vrai d'ajouter que je n'avais pas dîné la veille et que d'ailleurs rien n'épuise comme le chagrin.

» Tous les habitués me demandèrent si j'étais malade.

» Je répondis que j'avais la migraine, que cela ne valait pas la peine d'en parler, et que je suppliais qu'on ne s'occupât point de moi.

» Mon père ne m'adressa pas la parole de toute la journée.

» Le soir arriva, et, aussitôt que cela me fut possible, je regagnai ma chambre.

» Deux ou trois jours se passèrent ainsi.

» Un après-midi, j'entendis des étudiants prononcer le nom de Bérard et celui d'Angéline.

» Mon cœur cessa de battre, et j'écoutai de toutes mes oreilles.

» On parlait de la rupture de Bérard avec celle que, pendant plusieurs années, tout Dijon avait cru être sa femme légitime.

» On supposait généralement que cette rupture

n'avait eu lieu que parce que Bérard s'était aperçu un beau matin qu'Angéline le trompait.

» Ce qui rendait cette supposition singulièrement vraisemblable, c'est qu'Angéline, dès le lendemain de la séparation, avait été déclarée maîtresse en titre du vieux marquis de C*** qui lui installait un appartement (chose inouïe dans les mœurs dijonnaises !) appartement pour le mobilier duquel il faisait, — disait-on, — des folies.

» Il était question de palissandre, — de bois de rose, — de moquette, — de damas de soie !...

» Mais, jusqu'à plus ample informé, on ne pouvait ajouter une foi entière à d'aussi extravagantes prodigalités.

» Je me réjouis de ce que j'entendais dire.

» Angéline ne me donnait pas signe de vie, et j'espérais que dans la brillante position que lui faisait le marquis de C*** elle oublierait ces menaces de vengeance qui m'épouvantaient si fort.

» De ce côté-là j'étais donc, sinon tranquille du moins un peu rassurée.

» Quant à Varnier, il ne venait plus au café et je ne l'avais pas même aperçu depuis huit jours.

» Restait mon père, et ses projets de mariage auxquels il ne paraissait pas le moins du monde disposé à renoncer.

» Il était avec moi d'une froideur glaciale et il ne m'adressait la parole que lorsque cela devenait tout à fait indispensable pour quelque détail de service ou de maison.

» Pendant douze jours il en fut de même.

» Le treizième jour, au matin, mon père entra dans ma chambre au moment où je me disposais à en sortir.

» Il me demanda si j'avais fait mes réflexions et si je m'étais décidée à obéir.

» Je lui répondis en tremblant que je persistais dans mon refus et que rien au monde ne me ferait changer de résolution.

» A ma grande surprise, mon père ne se mit point en colère.

» — Votre entêtement est fâcheux, — me dit-il avec un calme forcé, et un sang-froid au moins aussi effrayant pour moi que ces éclats de voix auxquels j'étais accoutumée, — d'autant plus fâcheux que, si votre parti est pris, le mien l'est aussi, et non moins irrévocablement ; j'ai fait patienter Bérard jusqu'à présent, en lui disant que vous aviez quelque peine à vous accoutumer à l'idée qu'il n'était point marié, et qu'il vous en coûtait de remplacer une femme dont vous aviez été l'amie. — mais il a ma parole et j'ai promis que toutes ces tergiversations finiraient promptement ; — vous savez que je vous ai donné quinze jours ; — le quinzième expire après-demain ; — après-demain, par conséquent, je vous amènerai Bérard et vous aurez à lui dire que vous consentez à devenir sa femme...

» — Jamais... — murmurai-je.

» — Prenez garde, Jane !.. prenez garde !..— depuis une semaine, certains bruits étranges sont arrivés jusqu'à moi... — Je sais vaguement qu'on parle de vous plus qu'on ne devrait le faire.., — je sais qu'on mêle votre nom à des rumeurs scandaleuses... — ces bruits, je n'ai voulu ni les écouter, ni les croire... — je renierais, je maudirais ma fille, si ma fille avait mis une tache sur le nom que je porte et que j'ai toujours fait respecter... sur la croix d'honneur que j'ai payée de mon sang !... Prenez garde, car si vous résistiez plus longtemps, je finirais par soupçonner quelque secret et honteux motif à votre obstination bizarre... je chercherais... je fouillerais au fond de ces bruits, au risque de remuer de la boue, et, si je découvrais quelque chose...

» Mon père n'acheva point la phrase commencée.

» Il se contenta de répéter, après un silence :

» — Prenez garde !...

» Et il sortit.

» Rien ne peut vous donner une idée de l'anéantissement douloureux et désespéré dans lequel ce nouvel entretien me plongea.

» Du moment où une circonstance quelconque (et dans cette circonstance fortuite il me semblait reconnaître la main d'Angéline), du moment, dis-je où une circonstance quelconque était venue le mettre sur la voie de la vérité, il irait jusqu'au bout, et alors j'étais perdue, bien décidément, bien complétement perdue...

» Il me semble que, peu de minutes après le départ de mon père, je m'évanouis...

» Dans tout les cas une défaillance absolue s'empara de mon esprit.

» Je ne conserverai pas même, pendant un moment, la triste faculté de comprendre mon malheur...

» La première pensée qui me revint d'une façon un peu distincte fut celle-ci : — Il ne me reste que deux partis à prendre, — me tuer, ou m'enfuir...

» Mais, lorsqu'on a dix-huit ans, on tient à la vie, si triste qu'elle paraisse... — d'ailleurs je sentais bien qu'au dernier moment le courage me manquerait...

» Quant au second parti : — Quitter mon père et m'éloigner de Dijon, — je n'aurais pas mieux demandé que de m'arrêter à celui-là.

» Mais comment faire?

» Était-il possible de fuir sans ressources d'aucune sorte?

» Où aller ?

» De quelle façon vivre, là où j'irais?...

» Autant de pas, autant d'obstacles contre lesquels ma résolution devait se briser...

» — Mon Dieu ! — m'écriai-je, — que devenir, et qui donc me viendra en aide?

» Je cachai mon visage dans mes deux mains jointes, et je me mis à sangloter avec une indicible amertume.

» Comment ne suis-je pas morte, ce jour-là, à force de pleurer ?... parole d'honneur je n'y comprends rien, car à chaque minute je sentais mon cœur trop gonflé prêt à se rompre dans ma poitrine.

» Tout à coup je me souvins que, deux ou trois fois, dans le cours de nos rares entretevues chez Angéline, Varnier m'avait dit que je serais une actrice ou une danseuse ravissante si je voulais me mettre au théâtre...

» Au moment où ce souvenir me revint, j'éprouvai un mouvement de joie, — le premier depuis bien des jours, — et il me sembla que j'étais sauvée...

» J'imposai silence au mépris profond que m'inspirait mon premier amant, — je résolus de l'aller trouver, — de le mettre au courant de ma position, — de lui dire que je voulais être comédienne, et de lui demander de quitter immédiatement Dijon avec moi.

» La saison théâtrale était bien avancée déjà, et sans doute Varnier, principale cause de ce qui arriverait n'aurait pas l'infamie de refuser de me venir en aide.

» Mon plan fut fait aussitôt.

» Il fallait, d'abord et avant tout, endormir les

soupçons de mon père, et arriver ainsi à tromper facilement sa surveillance soupçonneuse.

» J'essuyai mes larmes ; — je m'efforçai de donner à mon visage l'expression d'un calme qui était si loin de mon âme, et, quand je crus avoir réussi, je sonnai l'un de nos garçons et le chargeai de dire à mon père que je le priais de vouloir bien monter pendant un instant auprès de moi.

» Il ne se fit pas attendre, et il me demanda ce ce que désirais de lui.

» A cette question je répondis que je ne voulais pas risquer de perdre sa tendresse en m'obstinant plus longtemps dans ma résistance, et que, bien que ma répugnance pour un mariage avec Bérard ne fût en rien diminuée, je me soumettrais et qu'il trouverait en moi, désormais, une obéissance passive et complète...

» J'ajoutai que cependant je le suppliais de ne point presser les choses plus qu'il n'avait eu, d'abord, l'intention de le faire, et de me laisser deux ou trois jours pour m'accoutumer à cette idée, si triste pour moi, que j'allais être la femme de Bérard.

» Mon père parut enchanté du brusque changement survenu dans mes dispositions ; — il me remercia de mon obéissance, qui, quoiqu'un peu tardive, lui prouvait mon affection pour lui. — Il m'embrassa à plusieurs reprises et il m'assura qu'il n'aurait point mis une telle insistance à assurer mon mariage, si ce mariage ne lui eût paru me promettre pour l'avenir tout le bonheur désirable, et n'eût eu d'ailleurs l'avantage d'imposer silence à ces méchants bruits absurdes qui commençaient à courir sur mon compte et qu'il n'accueillait qu'avec le mépris et l'incrédulité qu'ils méritaient.

» — Veux-tu rester dans ta chambre ou descendre au comptoir? — dit mon père ensuite, — fais ce qui te plaira le mieux, mon enfant...

» — Je préfère descendre, — répondis-je, — je ne suis pas bien gaie, et le bruit et le mouvement du café auront au moins cela de bon qu'ils me distrairont un peu...

» — Tu as raison, et je t'approuve entièrement... — profite des derniers jours que tu vas passer avec nous pour mettre ta sœur, le plus tôt possible, au courant... — jusqu'à présent, soit inintelligence, soit mauvaise volonté, elle paraît ne comprendre absolument rien...

» Je forçai mes lèvres à sourire, et je dis :

» — Je ferai de mon mieux, mais Virginie a la tête dure...

» — Ah! — reprit mon père, — je te regretterai plus d'une fois, ma pauvre Jane ; — si nous nous séparons, mon enfant, c'est pour ton bonheur... — Si j'étais riche, crois-le bien, et si j'avais une belle dot à te donner, je ne te marierais qu'à un homme que tu aimerais et que tu aurais choisi toi-même... Mais,

quand on est pauvre on n'a pas le droit de choisir...
— et, de tous les maux, tu le comprendras un jour, le pire, vois-tu, c'est la misère...

» Je descendis donc et je repris au comptoir ma place habituelle, attendant avec une prodigieuse impatience que mon père quittât le café, afin de pouvoir profiter de son absence pour sortir à mon tour.

» Il pouvait être, en ce moment, onze heures du matin.

» Vers midi, mon père prit son chapeau.

» Sans doute, il se disposait à aller annoncer à Bérard que j'avais enfin donné ma réponse définitive et favorable.

» — Serez-vous longtemps absent? — lui demandai-je.

» — Une heure, tout au plus, — me répondit-il.

» Et il sortit.

XVII

LES CONSEILS DE VARNIER

» J'attendis environ cinq ou six minutes, afin d'être parfaitement sûre que mon père ne rentrerait pas à l'improviste.

» Puis, sous un prétexte en l'air, j'envoyai Virginie chercher quelque chose dans sa chambre, et, aussitôt qu'elle eut disparu dans la spirale de l'escalier, je sortis du café, après avoir dit aux garçons que j'allais à deux pas de là et que je reviendrais dans quelques minutes.

» J'étais bien certaine que mon absence, si courte quelle fût, allait être pour eux un motif à conjectures méchantes ; mais, voulant à tout prix en finir avec une situation aussi désespérée que la mienne, je m'inquiétais peu des suppositions et des commentaires.

» Je n'avais jamais mis les pieds chez Varnier, mais je savais qu'il demeurait dans une grande maison située derrière le théâtre; je connaissais cette maison, et n'ignorais pas que la chambre du comédien était au second étage, à droite, dans l'escalier.

» De la place d'Armes au théâtre il n'y a pas loin.

» D'ailleurs, je ne marchais pas, je courais, — cachant de mon mieux mon visage avec mon mouchoir de poche, afin d'éviter d'être reconnue.

» Je ressentais chemin faisant une horrible crainte, — ou plutôt une angoisse véritable, — à la seule pensée que je pouvais, dans la rue, me trouver face à face avec mon père.

» Ceci n'arriva pas et j'atteignis sans encombre la maison où logeait Varnier.

» Cette maison, comme presque toutes celles des villes de province, était sans portier.

» Je m'engageai dans le corridor du rez-de-chaussée, — je m'élançai dans l'escalier et j'atteignis le second étage sans rencontrer personne.

» A ma droite il y avait une porte auprès de laquelle pendait un cordon de sonnette sans aucune espèce de gland.

» Je sonnai.

» — Entrez! — cria depuis l'intérieur une voix métallique que je reconnus aussitôt.

» J'ouvris la porte et je me trouvai dans la chambre de Varnier.

» Le comédien, vêtu d'une sorte de jaquette de flanelle en lambeaux, et d'un pantalon à pieds déchiré, était étendu dans un vieux fauteuil dont ses cheveux imprégnés d'huile antique graissaient outrageusement le dossier.

» Il fumait une longue pipe, tout en étudiant un rôle nouveau dans une brochure qu'il tenait ouverte sur ses genoux.

» A côté de lui, sur une petite table, se voyaient un carafon à moitié rempli d'eau-de-vie, et un verre.

» Rien au monde ne peut vous donner une idée du honteux désordre, de la révoltante malpropreté de cette chambre qui semblait ne point avoir été nettoyée depuis quinze jours.

» Les habits de ville, — les habits de théâtre, — les perruques et les bottes éculées traînaient sur chaque meuble, sur le lit, et jusque par terre.

» Varnier, avec ses guenilles, semblait se complaire au milieu de ce taudis, dont il complétait la physionomie.

» — Tiens! tiens! tiens!... — s'écria-t-il en quittant sa pipe pour une demi-minute, — c'est toi, petite Jane !... Quelle chance!... et par quel hasard donc ?...

» J'étais haletante, tant j'avais couru.

» Je ne pus répondre tout de suite.

» Varnier tira de sa pipe un nuage de fumée, puis il reprit :

» — Nous venons maintenant, à ce qu'il paraît, visiter les artistes dans leur intérieur, petite Jane ? — Nous nous souvenons de nos amis de peur qu'ils ne nous oublient ! c'est gentil ça !... — Allons, ma biche, faisons un *béquot* à notre bienaimé... — je suis bon prince, — satisfais ta flamme, je t'y autorise, oh ! mon objet !...

» Je me laissai tomber sur une chaise.

» — Ah ! sacrebleu !... — cria Varnier, — prends donc garde !... tu aplatis une perruque, avec laquelle je joue ce soir Buckingham. — Veux-tu te lever, et vite !...

» Mais la force me manquait pour faire un mouvement.

» Je restai assise.

» Alors seulement, Varnier s'aperçut de ma pâleur et remarqua mon visage maigri et défait

» — Qu'est-ce qu'il y a donc ? — me demanda-t-il — es-tu malade ? vas-tu tomber en défaillance ? — Mort et furie ! — Sang et tonnerre ? — te voilà blanche comme un linge !...

» Tout en parlant ainsi il versa quelques gouttes d'eau-de-vie dans le verre placé sur la petite table, et, approchant ce verre de mes lèvres, il m'en fit avaler le contenu.

» Cette action et les paroles qui l'avaient précédée et qui exprimaient une sorte d'intérêt, me ranimèrent et me rendirent un peu de courage.

» Il me sembla qu'en ce moment j'éprouvais pour Varnier un retour de ma folle et passagère tendresse.

» Je jetai mes deux bras autour de son cou, et je murmurai :

» — Après tout, tu es mon amant !... tu me sauveras, n'est-ce pas ?...

» Varnier fit un pas en arrière et la surprise la plus complète se peignit sur son visage.

» — Te sauver ? — demanda-t-il ensuite, — et de quoi ?

» — Si tu ne me viens pas en aide, je suis perdue...

» — Ah bah !

» — Complétement perdue... — sauve-moi, ou je me tuerai...

» — Mais, encore une fois, de quoi et de qui veux-tu donc que je te sauve ?

» — Du plus grand de tous les malheurs !

» — Lequel ?

» — On veut me marier...

» — Qui ça ?

» — Mon père.

» — Et avec qui ?

» — Avec Bérard...

» Varnier se mit à rire.

» — Le prétendu mari d'Angéline, — fit-il ensuite, — tiens ! c'est drôle !...

» — Ce n'est pas drôle, — m'écriai-je, — c'est horrible !...

» — Ah ! — dit Varnier en retroussant sa moustache d'un air fat, — je comprends qu'éprise de moi comme tu l'es, ma pauvre biche, il doit te paraître affreux d'être obligée d'épouser Bérard... — Tomber d'artiste en coiffeur, ça manque de gaieté !... — mais qu'y faire ?... je ne puis cependant pas t'épouser, moi, petite Jane. — Je suis voué à un célibat à perpétuité...

» — Est-ce que je te demande de m'épouser ? — répondis-je, — tu le voudrais, Varnier, que moi je ne le voudrais pas ; — je te demande seulement d'empêcher que ce mariage se fasse...

» — Dame ! si c'est possible, je le veux bien... mais, d'abord, mets-moi au courant... que se passe-t-il ?...

» Je racontai à Varnier, dans le plus grand détail, tous les événements, si minimes en apparence mais si importants pour moi, qui s'étaient succédé depuis la rupture de Bérard et d'Angéline.

» Il m'écouta sans m'interrompre et avec une telle attention que, je dois le dire à sa louange, il laissa s'éteindre sa pipe pendant que je parlais.

» — Sacrebleu ! sacrebleu ! — fit-il ensuite en tordant sa moustache, — c'est vexant, tout ça !... — je suis taquiné de voir qu'on opprime ainsi l'innocence, surtout quand l'innocence a été honorée de mes bontés !... — mais, que diable! je ne peux guère aller dire au papa Maclet que je refuse mon consentement... il m'enverrait promener, ce père noble. — Voyons, veux-tu que je cherche querelle à Bérard ? — je le provoquerai, — nous nous battrons... — je lui planterai *Galante* tout au milieu du corps, et franchement il n'est pas probable qu'il t'épouse ensuite... — Ça te va-t-il, petite Jane ?...

» — Eh! il n'est pas question de se battre !...

» — De quoi est-il donc question, alors ? — tu me ferais plaisir en me le disant... — As-tu une idée quelconque ?

» — Oui.

» — Voyons ton idée...

» — Je veux quitter Dijon.

» — Quand ?

» — Dès demain... aujourd'hui si je peux.

» — Toute seule ?

» — Non.

» — Avec qui donc ?

» — Avec toi.

» — Avec moi ? — répéta Varnier stupéfait.

» — Oui, — tu m'emmèneras à Paris, — nous vivrons ensemble et, puisque tu es acteur, je me ferai actrice...

» Varnier se mit à siffloter entre ses dents.

» — Eh bien ? — demandai-je, — que dis-tu ?...

» — Je dis que le projet est charmant... mais...

» — Mais quoi?

» — L'exécution m'en paraît difficile... — si ce n'est tout à fait impraticable...

» — Pourquoi et comment?

» — D'abord, je suis lié ici.

» — Lié ?...

» — Oui, — par un engagement parfaitement en règle.

» — Que t'importe de le rompre, cet engagement? tes appointements sont saisis...

» — Extrêmement logique !... — oui, sans doute, on pourrait passer par-dessus l'engagement, d'autant plus que mon directeur ne me demanderait pas de dommages et intérêts... — il connaît trop bien ma solvabilité, le cher homme, pour faire cette boulette... — mais ce n'est pas tout !...

» — Quoi encore?

» — Il y a un obstacle plus grave...

» — Lequel?

» — Pour filer d'ici, il faut de l'argent, — il en faut encore pour vivre à Paris en attendant que les engagements arrivent...

» — Mais... — interrompis-je, — ces magnifiques conditions que l'on t'offre pour remplacer Mélingue... tu nous en parlais à Plombières, à Angéline et à moi...

» Varnier se mit à rire.

» — Tu as donné dans la *balançoire*, ma chère ! — fit-il ensuite, — tu n'as pas vu que c'était une *banque !*... — Hélas ! par le temps qui court, les directeurs sont des dindons bridés, qui ne savent pas encore reconnaître le vrai mérite, l'apprécier, et surtout le rétribuer comme il convient !... — Donc il nous faut de l'argent... il nous en faut même pas mal, et...

» Varnier s'interrompit.

» Il frappa sur ses goussets, puis il acheva sa phrase :

» — Et, aucune espèce de monnaie ! parole d'honneur !... rien dans les mains, rien dans les poches !... — depuis huit jours, je vis *à l'œil...* — mauvais précédent pour s'engager dans une pérégrination lointaine,... à moins de faire la route à pattes et le ventre creux... ce qui, franchement, ne me causerait qu'un médiocre délire. — As-tu de l'argent, toi, petite Jane ?

» J'eus à peine la force de murmurer :

» — Eh ! comment en aurais-je ?...

» — Dans ce cas, ma pauvre biche, — poursuivit Varnier, — renonçons à nos projets nomades, et, quoique le séjour de cette cité soit parfaitement fastidieux, restons-y, puisque nous ne pouvons pas faire autrement...

» — Alors, — m'écriai-je, — je suis perdue !...

» Varnier haussa les épaules et répliqua ;

11

» — Quelle diable d'idée as-tu donc, ma fille, de jouer comme ça le mélodrame à la ville !... — Tu n'es pas perdue le moins du monde ! — il t'arrive une petite contrariété, j'en conviens, mais il ne s'agit que d'en prendre ton parti... — tu n'en mourras pas pour épouser Bérard.

» — Plaisante si tu veux, — m'écriai-je en sanglotant, — mais, puisque tu m'abandonnes, je te jure par tout ce qu'il y a au monde de plus sacré qu'en sortant d'ici, je vais me jeter dans l'Ouche !...

» Et je me dirigeai vers la porte.

» — Superbe sortie ! — murmura Varnier, — d'un bon style et très à effet !... — Si la petite était au théâtre, positivement elle pourrait marcher...

» Cependant il m'arrêta.

» — C'est donc si sérieux que ça ! — fit-il.

» — C'est si sérieux que je ne rentrerai pas chez mon père, et, si on m'y rapporte, ce sera les pieds en avant...

» — Alors, pour sortir de ce mauvais pas, tu ferais n'importe quoi ?...

» — Oui, — n'importe quoi ! — répondis-je.

» — Je pense à une chose... ton père te donne-t-il une dot ?

» — Non.

» — Et pourquoi ne te donne-t-il pas de dot ?...

» — Parce que ses affaires vont mal, et parce que Bérard me prend sans un sou...

» — Les affaires de ton père vont mal ! — s'écria Varnier.

» — A ce qu'il paraît.

» — C'est lui qui te l'a dit ?

» — Oui.

» — Eh bien, il en a menti !... — c'est un vieux pingre, enchanté de se débarrasser de toi et de garder ses écus... — j'ai des renseignements sur son compte... — c'est une tonne d'or que le père Maclet...

» — Est-ce possible ?

» — C'est plus que possible... c'est certain ! — Et sais-tu bien qu'en ne te donnant pas de dot, il te vole ?...

» — Il me vole !... — m'écriai-je.

» — Oui.

» — Comment ?...

» — Ton père n'avait pas un centime quand il a épousé ta mère à qui le café appartenait, de sorte que tout ce qu'il a lui vient d'elle... — elle est morte, par conséquent, aujourd'hui, tout est la propriété de ta sœur et de toi. — Tu vois donc bien, petite Jane, qu'en ne te rendant aucune espèce de compte le papa Maclet te filoute...

» — C'est peut-être vrai, — répondis-je ; — mais qu'importe ?...

» — Il importe beaucoup !...

» — Je ne peux pas aller dire à mon père qu'il me

donne l'argent qui m'appartient et dont j'ai besoin pour me sauver avec toi...

» — Très-bien raisonné !... Aussi n'est-ce point à cela que j'en veux venir...

» — A quoi donc ?

» — A te prouver, tout bonnement, que tu as parfaitement le droit de faire un emprunt à ta propre bourse, et que rien au monde ne peut être plus légitime que cette façon de procéder...

» — Je ne comprends pas...

» — Tu vas comprendre. — Où le père Maclet met-il l'argent des recettes ?

» — Dans une armoire.

» — Où est cette armoire ?

» — Dans le cabinet qui tient à sa chambre.

» — Combien ce cabinet a-t-il de portes ?

» — Deux.

» — Ouvrant ?...

» — L'une dans la chambre, — l'autre sur le carré.

» — Comment se ferme la porte qui donne sur le carré ?

» — Par une serrure et deux verrous.

» — Et la clef de l'armoire, où est-elle ?

» — Le jour, dans la poche de mon père.

» — Diable !... Et la nuit ?...

» — Je crois qu'une fois qu'il est rentré dans sa chambre et qu'il a serré la recette, il laisse la clef après la serrure...

» — En es-tu sûre?

» — A peu près. — Un matin, il s'est trouvé malade et ne s'est point levé... — j'ai eu besoin de monnaie, — je suis venue lui en demander... — il m'a dit d'en prendre dans l'armoire, — la clef était sur la porte...

» — A merveille; — maintenant, voici ce qu'il faut faire...—Tu vas rentrer tout de suite...— Dans la soirée, tu monteras chez ton père... — tu entreras dans le cabinet... — tu tireras les verrous de la porte qui donne sur le carré et tu feras jouer la serrure, de façon à ce que cette porte puisse s'ouvrir depuis le dehors... — Ah! tu mettras une goutte d'huile sur les gonds, afin qu'ils ne crient pas en tournant. — Ceci fait, tu redescendras, comme si de rien n'était, et tu tâcheras d'avoir une figure de bonne humeur... — A l'heure habituelle le père Maclet ira se coucher, tu attendras qu'il soit endormi, — tu sortiras de ta chambre, — tu rentreras dans le cabinet par la porte du carré; — si la clef est sur l'armoire, tu prendras un sac d'argent, (le plus gros sera le meilleur), et tu viendras immédiatement me rejoindre ici, où je t'attendrai toute la nuit et d'où nous nous mettrons en route à l'instant même. — Si la clef est absente, comme il n'y aura rien à faire, tu retourneras te mettre au lit et tu te prépareras à épouser Bérard dans le plus bref délai...

» Varnier se tut.

» Je ne répondais pas.

» — Voyons, — me demanda-t-il, — as-tu compris, et es-tu décidée?...

» — Voler mon père!... — murmurai-je, — je n'oserai jamais...

» Varnier fit un geste d'impatience.

» — Ah çà, — s'écria-t-il, — je ne viens donc pas de te prouver, pendant deux heures, que tu ne volais quoi que ce soit, à qui que ce soit, et que tu ne faisais que reprendre ton bien?...

» — Si... mais...

» — Ah! si tu hésites, ma chère, laisse-moi tranquille, et n'en parlons plus... j'aime autant ça!... — Bonsoir, petite Jane ; — je te souhaite beaucoup de bonheur en ménage et j'irai à ta messe de mariage... — Mes compliments au papa Maclet!...

» Varnier me tourna le dos et se mit en devoir de rallumer sa pipe.

» Mais déjà je venais de me persuader que, dans la situation où je me trouvais, mes scrupules étaient de la folie.

» Mon parti était pris.

» — Je suivrai tes conseils, — dis-je à Varnier.

» — Tous?

» — Oui, tous.

» — Tu es bien décidée?

» — Parfaitement.

» — Tu feras en sorte de pouvoir entrer dans le cabinet?

» — Cela sera facile.

» — Le cœur ne te manquera pas au dernier moment?

» — Non.

» — A la bonne heure! — Dès que tu auras le sac d'argent, tu viendras me retrouver?...

» — Oui.

» — J'aurai une petite valise toute prête, dans laquelle je vais mettre un peu de linge et que je porterai sur mon épaule; — nous nous cacherons pendant deux ou trois jours dans quelque village des environs, à Plombières par exemple, *Au petit vin vieux du parfait amour;* l'aubergiste est un brave homme qui ne nous vendra pas... de là, nous filerons sur Paris...

» — Cette nuit, vers deux heures du matin, je serai ici...

» — Ne t'amuse pas à apporter du bagage, — ça nous gênerait...

» — Sois tranquille.

» — Es-tu sûre de pouvoir ouvrir la porte de la rue?

» — Oui; — il n'y a qu'une barre à enlever.

» — Pas de bruit, surtout!...

» — Je tâcherai.

» — Alors, bonne chance, petite Jane, et à cette nuit.

» — A cette nuit.

» — J'y pense, — pendant que tu seras en train, au lieu de prendre un sac d'argent, tu ferais aussi bien d'en prendre deux ; — cela ne te coûtera pas davantage...

» — J'en prendrai deux.

» Tout était convenu ; — nous n'avions plus rien à nous dire, et mon absence du café avait été plus longue déjà que je ne l'aurais voulu.

» Varnier m'embrassa avec une démonstration de tendresse qui, sans doute, s'adressait moins à moi qu'aux deux sacs d'écus qu'il convoitait.

» Je quittai sa chambre, puis la maison, et, cachant de mon mieux mes traits avec mon mouchoir de poche, je repris le chemin du café où j'arrivai sans avoir attiré l'attention de personne.

XVIII

LETTRE ANONYME

» Mon père n'était pas encore rentré.

» Virginie, assise au comptoir, semblait de très-méchante humeur.

» — Tu me laisses toute seule!... — murmura-t-elle d'un ton aigre, quand j'eus repris ma place auprès d'elle... — c'est amusant!... — tu sais que tu es restée une heure dehors!... d'où viens-tu?

» Je ne me trouvais pas dans une position d'esprit à supporter l'agaçante inquisition de Virginie.

» Aussi je lui répondis vivement :

» — Je viens d'où je veux... de quoi te mêles-tu?...

» — Comment! — s'écria-t-elle, — comment, de quoi je me mêle?...

» — Oui. — Est-ce que, par hasard, quelqu'un t'a

chargée de me surveiller?... — Si c'est comme ça, dis-le tout de suite! — seulement je te préviens d'avance que ça ne pourra pas m'aller.

» — C'est bon!... c'est bon!... — répliqua Virginie en hochant la tête... — j'avertirai mon père qu'aussitôt qu'il a les talons tournés tu en profites pour t'aller promener, Dieu sait où!

» — Avertis qui tu voudras et fais tout à ton aise ton métier d'espion... — je me moque pas mal de toi!...

» — Oui, mais tu ne te moqueras pas de mon père, peut-être bien...

» La colère s'emparait de moi peu à peu, et j'allais répondre plus vivement encore que je ne l'avais fait jusque-là.

» Mais je réfléchis qu'il était d'une extrême importance pour la réussite de mon projet que mon père ignorât que j'étais sortie pendant son absence.

» Je me contraignis donc, et je dis avec un sourire forcé :

» — Ma pauvre Virginie, tu es folle!... te figures-tu qu'une fille qui se marie dans huit jours soit un oiseau en cage, et doive rendre compte de chacun de ses pas...

» J'étais bien certaine qu'une nouvelle aussi inattendue que celle que j'apprenais à Virginie, concentrerait à l'instant même son attention sur un seul objet.

» Cela ne manqua point d'arriver.

» Ma sœur me regarda avec ses grands yeux stupides, — plus stupides encore dans ce moment-là que d'habitude.

» Puis elle murmura :

» — Qui est-ce qui se marie ?...

» — Moi.

» — Tu te maries !... toi, Jane ?

» — Oui, ma chère.

» — Est-ce que c'est vrai, ça ?

» — Dame ! j'ai tout lieu de le croire ; — tu n'as d'ailleurs, si tu en doutes, qu'à le demander à mon père...

» — Pourquoi donc est-ce que tu ne m'en avais pas parlé plus tôt ?...

» — Ce n'est décidé que de ce matin.

» — Ta parole ?

» — Oui.

» — Et qui épouses-tu ?

» — Bérard.

» — Et la noce se fera dans huit jours ?

» — Le temps de publier les bans.

» — Je serai ta demoiselle d'honneur, n'est-ce pas ?

» — Cela te revient de droit.

» A partir de ce moment, Virginie oublia complétement sa mauvaise humeur et la cause qui l'avait fait naître, et ne me parla plus d'autre chose que de la toilette qu'elle porterait le jour de son mariage.

» Mon père rentra.

» — J'ai tout conté à Virginie, — lui dis-je, quand il s'approcha du comptoir.

» — Tu as bien fait, — me répondit-il; — moi, j'ai vu Bérard... il est enchanté, — fou de joie... — demain ou après-demain, au plus tard, tu seras affichée à la mairie, et dimanche on publiera les bans...

» Malgré moi, je me sentis changer de visage.

» Heureusement mon père ne s'en aperçut pas.

» Le soir arriva. Je voyais avec épouvante la grande aiguille courir sur le cadran avec une vitesse qui me semblait inaccoutumée ; — chaque minute écoulée me rapprochait du moment où il faudrait agir, et, à la seule pensée de ce moment terrible, mon cœur cessait de battre. Cependant j'étais tellement déterminée à sortir à quelque prix que ce fût de la situation dans laquelle je me trouvais, que je me croyais bien certaine de ne pas reculer et même de ne pas hésiter.

» Vers dix heures, le café était plein de monde.

» Un commissionnaire entra, tenant une lettre à la main.

» Je me pris à trembler de tout mon corps, car l'idée me vint que cette lettre pouvait être d'Angéline, qu'elle me serait donnée devant mon père, qu'il me demanderait à la voir et que je ne pourrais refuser de la lui montrer.

» Mais je me rassurai aussitôt.

» Le commissionnaire ne vint pas à moi ; — il s'approcha de mon père, lui remit le message dont il était porteur, et, après avoir dit : — *Il n'y a pas de réponse,* — sortit du café.

» Mon père brisa le cachet et commença à lire.

» Il était en ce moment à dix ou douze pas de moi, — appuyé à l'une des colonnes de fonte qui supportaient le plafond.

» Quoique je fusse complétement rassurée, ainsi que je viens de vous le dire, mes regards s'attachaient sur mon père d'une façon toute machinale.

» A peine avait-il eu le temps de lire quelques lignes, qu'il me sembla le voir chanceler et pâlir affreusement.

» Cependant il poursuivit sa lecture.

» La lettre n'était pas bien longue ; il n'y avait de l'écriture que d'un seul côté, — quelques lignes tout au plus.

» Mais sans doute il lut et relut plusieurs fois ces lignes, car pendant plus de dix minutes ses yeux restèrent constamment fixés sur le papier.

» Enfin il eut achevé. — Il froissa la lettre, la serra dans sa poche, et, sans regarder de mon côté, s'approcha d'une fenêtre et appuya son front contre la vitre.

» Un instant après, il se dirigea vers une petite table sur laquelle se trouvaient des carafons de liqueurs.

Il versa le contenu d'un carafon d'eau-de-vie dans une chope à bière qui se trouva pleine aux deux tiers, et il la vida d'un seul trait.

» Une teinte pourpre remplaça sans transition sa pâleur livide, et mon père se mit à marcher au travers du café, comme un homme qui n'a pas sa tête à lui.

» Qu'avait-on pu lui écrire pour l'émouvoir d'une si terrible manière ?

» Je me le demandai avec effroi, et l'idée la plus vraisemblable qui se présenta à mon esprit fut que la lettre qui lui avait été remise avait rapport à quelqu'affaire d'argent et compliquait ces embarras dont il m'avait fait la confidence.

» Mais si, d'un autre côté, ainsi que Varnier me l'avait affirmé positivement, mon père était riche et dans une excellente situation commerciale, ma conjecture devenait évidemment fausse.

» Bref, je ne savais que penser et que croire, et tout cela me troublait l'esprit plus que vous ne sauriez vous l'imaginer.

» J'avais hâte de me trouver un moment seule avec mon père, afin de voir de quel ton il me parlerait.

» Vers onze heures et demie, les habitués s'en allèrent l'un après l'autre. Virginie était remontée dans sa chambre depuis longtemps. A minuit on ferma le café.

» Je pris la recette de la journée et je suivis mon

père afin de la lui remettre, ainsi que j'avais l'habitude de le faire chaque soir. Tout en montant l'escalier il m'adressa quelques paroles insignifiantes et qui, dans la manière dont elles furent prononcées, n'offraient rien de particulier.

» Nous entrâmes dans sa chambre.

» Je lui remis l'argent ; — il le compta et le porta aussitôt dans le cabinet dont j'avais, quelques heures auparavant, retiré les verrous.

» Quand il reparut, il ne tenait point à la main la clef de l'armoire... Donc cette clef était restée à la serrure.

» Tout allait bien.

» — Tu ne descendras pas au comptoir demain, — me dit mon père au moment où je me disposais à l'embrasser et à lui souhaiter une bonne nuit.

» — Pourquoi donc ? — demandai-je vivement.

» — Parce que nous avons quelqu'un à déjeuner...

» — Quelqu'un ?

» — Oui.

» — Qui donc ?

» — Devine.

» — M. Bérard, peut-être ?...

» — Tout juste. — Tu feras mettre le couvert ici... et tâche d'être gracieuse avec ton prétendu... fais cela pour moi... je t'en prie...

» — Je tâcherai...

» — Tu me le promets ?...

» Cette promesse ne m'engageait pas beaucoup, puisque le lendemain je ne serais plus là. Je n'hésitai pas à la faire.

» Puis j'embrassai mon père, — non sans un peu d'émotion, — en pensant que, selon toute apparence, je l'embrassais pour la dernière fois.

» Sans doute, en me contraignant à épouser Bérard, il allait faire mon malheur ; — mais son intention était bonne ; — et puis enfin, malgré tout, c'était mon père...

» Je l'embrassai donc à deux reprises, et, la seconde fois, tout ce que je pus faire fut de retenir mes larmes.

» Il s'aperçut de mon émotion et me demanda :

» — Qu'est-ce que tu as donc, mon enfant ?...

» — Je n'ai rien... — balbutiai-je.

» — Mais, si, — on dirait que tu vas pleurer...

» Il fallait donner le change aux suppositions de mon père. Je répondis :

» — Vous savez que je vous obéirai demain et toujours... mais vous savez aussi que ce mariage m'effraye... je ne vous l'ai pas caché... Ne vous étonnez donc pas si je suis un peu triste...

» — Cela passera, — répliqua-t-il, — demain tu seras raisonnable... Allons, va, mon enfant, et bonsoir.

» J'aurais voulu embrasser mon père une fois de plus, mais je n'osai pas.

» Je me retirai dans ma chambre et, sans me déshabiller, je me jetai sur mon lit, D'après le conseil de Varnier je ne voulais agir que vers deux ou trois heures du matin.

XIX

DEUX HEURES DU MATIN

» Qu'elles furent longues, ces deux heures d'attente !... — que de pensées folles et désolées se succédèrent confusément dans mon pauvre esprit sens dessus dessous...

» Par moment je me disais que je ferais bien de renoncer à m'enfuir, — de courber la tête, — d'accepter Bérard pour mari... — Puis, tout de suite après, il me semblait que j'aimerais mieux mourir que de subir un pareil mariage...

» Je m'efforçais de me persuader à moi-même que j'allais être heureuse et que j'aimais Varnier d'amour... j'essayais... — mais en vain ; — il m'était impossible de croire à mes propres raisonnements...

» Enfin, à travers le plancher de ma chambre et malgré le bruit que faisaient dans le silence de la nuit les battements de mon cœur, j'entendis l'horloge du café qui se trouvait au-dessous de moi sonner deux heures du matin ; — presqu'aussitôt, le beffroi du palais des ducs de Bourgogne annonça la même heure...

» J'attendis encore un peu.

» Je ne sais pas combien de minutes dura cette attente, mais je sais bien que ces minutes me parurent longues comme des années... — Je me levai en chancelant. — C'est à peine si je pouvais me soutenir.

» Il se faisait dans mon cerveau et dans mes oreilles des bruits singuliers, comme si j'avais entendu des cascades tomber d'une grande hauteur...

» J'avais les yeux remplis d'étincelles, et, quoique l'obscurité fût profonde, je voyais de grands rayons et des cercles de feu qui dansaient à travers la chambre.

» J'avalai un verre d'eau fraîche qui me remit un peu, et j'allumai une de ces petites bougies de cire jaune, tournées sur elles-mêmes et qu'on appelle, des *rats de cave*.

» Il n'était plus temps de balancer ni de retarder...

» Il fallait renoncer complétement à mon projet ou l'exécuter sur-le-champ.

» C'est drôle, comme, en de certaines circonstances très-graves, on peut se livrer à d'incroyables enfantillages !...

» Pour me forcer moi-même à agir, je me dis que

j'allais compter jusqu'à *dix* et que j'ouvrirais la porte de ma chambre au moment précis ou je serais arrivée à ce nombre : DIX...

» Et je me mis à compter, *un*, — *deux*, — *trois*, mais lentement, lentement, comme si j'avais voulu me donner quelques secondes encore de répit...

» Cependant, si lentement qu'on marche, quand le chemin est court il faut arriver...

» Mes lèvres murmurèrent : NEUF...

» Je vous jure que je regrettai amèrement de ne m'être par donné jusqu'à CENT...

» Mais je me reprochai ma lâcheté ; — je me dis qu'arrivée à *cent* je reculerais encore sans doute, et j'articulai d'une façon presque distincte le terme fatal ;

» — DIX !...

» En même temps, ainsi que je me l'étais promis à moi-même, j'ouvris ma porte et je sortis de ma chambre...

» Le premier pas se trouvait fait, et certes c'était beaucoup, mais j'étais bien loin pourtant d'avoir accompli la partie la plus difficile et la plus périlleuse de ma tâche...

» Je venais de mettre le pied dans le petit couloir sur lequel ouvraient la porte de la chambre de mon père et celle du cabinet où il déposait l'argent. Je m'arrêtai. Je prêtai l'oreille. Tout était silencieux dans la maison ; — cependant il me semblait entendre une sorte de bruit sourd et régulier, de tic-tac monotone qui venait je ne sais d'où et qui me remplit de frayeur...

» J'écoutai mieux...

» Ce bruit, c'était celui de mon cœur qui battait.

» Alors j'avançai de quelques pas. »

. . . .

Jane interrompit son récit.

— Georges, — demanda-t-elle au journaliste, — as-tu vu quelquefois des somnambules, mon bon?

— Oui, — répondit le jeune homme, — j'ai vu, du moins, des gens qu'on disait en état de somnambulisme, et qui parlaient et agissaient sous l'influence réelle ou factice du sommeil magnétique... — Mais pourquoi cette question, petite Jane, et quel rapport peut-elle avoir avec ton récit et avec l'intéressante péripétie à laquelle te voilà parvenue?

— C'est que, — répliqua Jane, — moi aussi j'ai vu un jour une femme qu'on venait d'endormir en faisant des gestes devant elle avec les mains... — on lui avait commandé de marcher, et elle marchait... — elle allait tout droit devant elle, les yeux ouverts, mais ses yeux semblaient ne pas regarder et ne pas voir. — Elle levait les pieds, elle les posait ensuite par terre, et elle avançait, mais sans paraître savoir ce qu'elle faisait et où elle allait. — C'était presque effrayant, savez-vous? — Eh bien! quand j'ai vu la femme dont je vous parle, il m'est venu dans l'esprit que mes yeux et ma démarche devaient être tout à fait semblables aux siens cette nuit-là, pendant que je m'acheminais vers le cabinet de mon père...

— Rien n'est plus possible, — dit Georges, — et même rien n'est plus probable. — Une préoccupation morale aussi violente que celle éprouvée par toi dans ce moment, peut produire, sans nul doute, un véritable somnambulisme... — Continue, petite Jane, — te t'assure que tu nous intéresses comme le quatrième acte d'un drame bien fait.

— Sans *blague?* — s'écria la jeune femme.

— Parole d'honneur !...

— Et ces dames sont de ton avis ?

— Oui... oui... — répondirent avec une entière conviction Vignette et Claudia.

Elles ne mentaient pas. A tort ou à raison, le récit de la Dijonnaise les intéressait au plus haut point.

Tout orgueilleuse de son succès, Jane reprit :

— De l'entrée du couloir à la porte du cabinet il n'y avait pas plus de dix ou douze pas.

» Je les franchis et je mis la main sur le bouton de la serrure.

» Je mentirais si je vous disais que je le fis tourner tout de suite.

» Il me semblait que mon père devait avoir repoussé les verrous en dedans, et que j'allais éprouver de la résistance.

» Il me semblait encore que derrière la porte, si

elle s'ouvrait, je trouverais mon père, prêt à me demander ce que je venais chercher ainsi.

» Si les voleurs, — quand ils font leurs coups, — ressentent ce que je ressentais en ce moment et depuis quelques heures, je plains les voleurs, et je vous assure qu'à la place des juges je les acquitterais... — les pauvres diables sont assez punis, rien que d'avoir volé!... Après ça, peut-être bien qu'ils s'y accoutument et que ça ne leur fait plus autant d'effet la seconde fois que la première. Dans ce cas, je crois qu'on ne fait pas mal de les envoyer aux galères.

» Enfin je tournai le bouton.

» Je n'éprouvai pas la résistance à laquelle je m'attendais, et la porte s'ouvrit doucement et sans faire le moindre bruit. — Le cabinet était vide.

» J'entrai, — en enveloppant de ma main gauche la flamme de ma petite bougie, afin d'en étouffer en quelque sorte la clarté, car un rayon lumineux, si faible qu'il fût, pouvait se glisser par quelque fente dans la chambre de mon père, et lui donner l'éveil si par hasard il n'était pas endormi...

» Mes yeux, aussitôt que les éblouissements qui les troublaient leur permirent de distinguer quelque chose, se fixèrent sur l'armoire.

» La clef était après la serrure.

» Tout allait mieux que je n'aurais osé l'espérer moi-même.

» Je mis la main sur cette clef et elle tourna

comme avait tourné le bouton. La porte de l'armoire s'ouvrit, comme s'était ouverte celle du cabinet.

» Je vis sur un rayon trois ou quatre sacs d'argent qui devaient contenir à peu près mille francs chacun,

» J'avais promis à Varnier d'en prendre deux ; — mais je me dis qu'un seul serait bien suffisant pour attendre d'autres ressources, et j'allongeai le bras...

» En ce moment, — oh ! comment ne suis-je pas morte ?... si vous le savez, dites-le moi !... — en ce moment il se fit un bruit qui me parut aussi terrible que si la foudre venait d'éclater sur ma tête, — je me vis enveloppée de lumière, et mon père qui sortait de sa chambre et marchait à moi, me cria : — Misérable !...

» Je tombai sur mes deux genoux, et c'est à peine si j'eus la force de murmurer :

» — Grâce !... ne me tuez pas...

» Vous comprenez bien que je ne vais point vous raconter la scène qui suivit...

» A moins d'inventer les détails de cette scène il me serait impossible d'en faire le récit, — et cela m'aurait été aussi impossible une heure après ce moment que cela l'est aujourd'hui, car, dans l'état d'affreux désordre de ma pauvre tête, rien ne pouvait surnager, — aucune impression nette et distincte ne pouvait se produire...

» Je compris seulement que mon père savait tout.

— Une lettre anonyme, écrite par une main qu'il était facile de deviner — celle d'Angéline, — lui avait appris, quelques heures auparavant, ma liaison avec Varnier, mon projet de fuite en compagnie du comédien, et la façon dont je devais me procurer l'argent indispensable pour cette fuite.

» La lettre, vous vous en souvenez, lui avait été remise au café en ma présence.

» Dans le premier moment mon père s'était efforcé de ne voir dans ce billet qu'un tissu de mensonges et de calomnies... Il avait résolu d'attendre, afin de laisser les faits eux-mêmes m'absoudre ou me condamner.

« Les faits lui prouvaient, malheureusement, qu'on ne l'avait pas trompé.

» La seule chose qui subsiste dans mes souvenirs, c'est que mon père, après m'avoir menacée de me faire arrêter à l'instant même comme voleuse et jeter dans une maison de correction où je passerais le reste de ma vie, ajouta que je pouvais encore échapper aux effets de sa colère en épousant Bérard, et qu'il me laissait le choix entre ce mariage et la prison...

» L'idée de la prison m'épouvantait peut-être plus que celle de la mort. Je promis tout ce que voulut mon père.

» Il me conduisit dans ma chambre, où il m'enferma à double tour, après avoir mis un cadenas à la fenêtre de façon à ce qu'il me fût impossible de l'ouvrir...

» Le reste de ma nuit dut ressembler assez exactement à celle d'un condamné qui sait qu'il n'y a plus d'espoir pour lui et qui attend, d'une minute à l'autre, que le bourreau vienne le chercher.

» Je dois vous dire tout de suite une chose que je ne sus que longtemps après, c'est la façon dont Angéline avais pu être mise au courant de ce qui devait se passer pendant la nuit.

» Cela est fort simple. La maîtresse en titre du marquis de C*** conservait des relations avec Varnier.

» Elle était venue chez lui un instant après mon entrevue avec lui, et, comme il ignorait les motifs de haine et de vengeance qu'Angéline croyait avoir à mon endroit, il lui avait tout conté, en lui recommandant le secret.

» C'était lui donner une arme terrible dont elle se hâta de faire usage.

» Vraisemblablement elle espérait que mon père ne reculerait point devant un scandale public et me chasserait de chez lui.

» Cet espoir, si elle l'avait, fut déçu, — Angéline, sans le vouloir, n'avait fait qu'assurer mon mariage avec Bérard.

» Je vous ai déjà dit que ce dernier devait déjeuner avec nous le lendemain matin.

» Vers neuf heures mon père vint me dire, à travers la porte, de m'apprêter et de faire en sorte de ne point avoir les yeux rouges.

» Désormais j'étais bien résignée à tout; — j'obéis passivement, je m'habillai avec soin et j'effaçai de mon mieux les traces de mes larmes.

» A dix heures, Bérard arriva.

» Mon père ouvrit ma porte, et m'ordonna, avec une menaçante rudesse, de paraître gaie et souriante.

» Le déjeuner était prêt.

» Nous nous mîmes à table; — mon père, quoiqu'il prît évidemment beaucoup sur lui-même, fut sombre et soucieux : — Bérard se montra galant, empressé, et ne cessa de me parler du bonheur pur et sans nuages que nous goûterions.

» J'aurais donné la moitié de ma vie pour que mes sanglot pussent éclater, et cependant je forçais mes lèvres à sourire, et, à tout ce que me disait Bérard, je trouvais quelque chose à répondre ; — probablement ces réponses ne s'accordaient pas toujours parfaitement avec ce qui venait de m'être dit, mais mon prétendu ne paraissait point y faire attention.

» Le déjeuner s'acheva.

» Aussitôt que Bérard fut parti, mon père me conduisit dans ma chambre ; — il ne me fit plus aucun reproche, mais il me déclara que jusqu'au jour de mon mariage je resterais enfermée.

» Ceci, du reste, dans les dispositions où je me trouvais, m'était plus agréable que pénible.

» Au moins ainsi, je ne me verrais point contrainte à parler, et je ne serais obligée de répondre à aucune question, surtout à celles de ma sœur.

» Cependant on s'occupait des démarches nécessaires afin de hâter le mariage, qui devait être célébré au bout du temps strictement nécessaire pour remplir les formalités indispensables, c'est-à-dire au bout de onze jours,

» Le surlendemain, Bérard envoya la corbeille de noces.

» Évidemment il avait dépensé beaucoup d'argent, car cette corbeille contenait une foule de choses élégantes et du meilleur goût ; — trop élégantes même pour une femme d'une condition aussi modeste que celle dans laquelle j'allais me trouver.

» C'étaient des étoffes de soie charmantes ; — des châles, — des mantelets ; — il y avait aussi quelques bijoux.

» Jamais Angéline, qui cependant passait dans la ville pour une *merveilleuse*, n'avait possédé le quart de toutes ces élégances, dans le temps où elle vivait avec Bérard et portait son nom.

» Pourquoi n'en conviendrais-je pas, dans une confession aussi complète et aussi franche que la mienne? — mon amour-propre fut singulièrement flatté de la pensée que j'allais pouvoir écraser du luxe de ma toilette cette femme qui avait été mon amie, et qui s'était faite si injustement mon ennemie.

» Je ne pensais point que, maintenant qu'Angéline était la maîtresse déclarée d'un vieillard millionnaire, elle pouvait, si elle le voulait, remplacer les châles Ternaux par des cachemires de l'Inde, et la dentelle Suisse par du point de Bruxelles...

» Toujours est-il que l'examen de la corbeille et des richesses qu'elle renfermait apporta une grande distraction à mon esprit, et même une sorte de consolation à mes chagrins...

» Qu'est-ce que vous voulez?... — les femmes sont ainsi faites!... — Ce n'était pas moi qui devais commencer à les changer...

» Le temps passait.

» Je voyais Bérard tous les jours pendant une heure, et, le reste du temps, j'étais enfermée dans ma chambre, où mon père m'avait donné quelques livres que je ne lisais pas.

» La veille du mariage on m'apporta ma robe de noces.

» C'était encore Bérard qui s'était chargé de la commander ; — je la trouvai charmante et je l'essayai sur-le-champ.

» Franchement, cette robe de gros de Naples blanc, avec des nœuds de rubans blancs au corsage

12.

et aux manches, me rendait bien jolie, et je ne pus m'empêcher de sourire à mon image.

» Il y avait aussi un bouquet et une couronne de fleurs d'oranger ; — mais je n'osai ni poser l'un sur mon front, n'y attacher l'autre sur mon sein...

» C'était trop déjà d'être forcée de porter tout cela le lendemain, et la seule pensée qu'il me faudrait traverser l'église et la foule avec cette couronne et ce bouquet menteurs, me rendait malgré moi pourpre de honte.

» Dans ce temps-là, je rougissais encore...

» Depuis, j'ai oublié comment on rougit.

» Ah ! si je n'avais jamais eu une amie comme Angéline et un mari comme Bérard !...

» Mais, bah !... A quoi bon penser à des bêtises ?... D'ailleurs, ce qui est fait est fait, — et ce qui est passé est toujours bien !... »

XX

LE MARIAGE

Après avoir formulé, ainsi que nous venons de le dire, l'aphorisme assez discutable qui termine le précédent chapitre, Jane demanda deux choses : — Un verre d'eau sucrée, et la permission de se reposer pendant un instant.

Verre d'eau sucrée et permission lui furent octroyés avec empressement.

Elle avala lestement l'un ; — mais elle n'abusa pas de l'autre, car, après un temps d'arrêt de deux ou trois minutes tout au plus, elle reprit :

— Je vous ai dit qu'il y avait, — selon moi du moins, — deux circonstances curieuses dans ma vie : — la façon dont se fit mon mariage, — la manière dont je devins veuve.

» Je me suis arrêtée, — beaucoup trop longuement peut-être, — sur le premier de ces deux épisodes...

» Je vais tâcher de réparer ce tort involontaire en abrégeant beaucoup la suite ; — désormais mon récit courra un train de poste.

» Finissons-en d'abord avec mon mariage, à propos duquel je n'ai plus que quelques mots à ajouter.

» Le matin de ce jour, qui est le *plus beau de la vie*, — à ce que prétend un vaudeville que j'ai vu jouer je ne sais où, — on entra dans ma chambre, — on me coiffa, — on m'habilla, — et je me laissai faire avec une profonde indifférence et sans éprouver ni plaisir ni peine, car tout ce qui venait de se passer m'avait ahurie à tel point que j'étais devenue à peu près idiote, et que je ne pouvais pas mettre deux idées à côté l'une de l'autre dans mon esprit.

» Vers les dix heures du matin, des voitures de louage, avec des cochers enrubanés, vinrent nous prendre.

» Je vous fais grâce des détails du mariage civil, et même du mariage religieux.

» Il paraît seulement que je répondis très convenablement le *oui* de rigueur à M. le maire et à M. le curé ; — je dis : *il paraît*, car, moi, je ne m'en souviens pas ; — je ne me souviens de rien, excepté d'une seule chose, c'est qu'au moment où nous traversions l'église Saint-Michel pour regagner les voitures après la cérémonie achevée, j'entendis prononcer mon nom et ricaner à trois ou quatre pas de moi.

» Je tournai machinalement les yeux de ce côté, et je vis Angéline, vêtue avec l'élégance la plus écrasante, qui me regardait en riant d'un air insolent et moqueur, en désignant du doigt ma couronne virginale aux gens qui se trouvaient auprès d'elle.

» Je rougis jusqu'au blanc des yeux et je détournai vivement la tête. Par bonheur nous étions en ce moment tout près de la porte.

» Je ne vous dirai rien non plus, ni du repas de noces, ni de l'espèce de petite sauterie qui couronna la journée.

» Si vous tenez à avoir quelques détails à cet égard, vous n'avez qu'à les chercher dans n'importe lequel des romans de Paul de Kock.

» Je passe également, sans m'arrêter, sur les premières semaines qui suivirent mon mariage...

» Dans l'intervalle qui s'était écoulé entre sa rupture avec Angéline et son mariage avec moi, Bérard avait fait arranger son logement et l'avait remeublé entièrement à neuf.

» Mes dispositions pour le commerce étaient très-grandes, à ce qu'il paraît, car bien peu de jours suffirent à mon mari pour me mettre au courant de tous les détails.

» Enfin, avant qu'un mois se fût écoulé, je m'avouais à moi-même que mon père avait eu parfaitement raison de me forcer la main pour me faire consentir à un mariage qui, somme toute, me rendait heureuse.

» Je n'aimais pas Bérard cependant, ou du moins je ne l'aimais que d'une affection parfaitement tiède; — mais je ne ressentais plus rien de cette aversion et de cet éloignement qu'il m'avait inspirés d'abord.

» Il semblait, lui, m'aimer follement, et j'étais reine absolue dans mon ménage où régnait une grande aisance.

» Deux événements, arrivés coup sur coup, ne contribuèrent pas peu à me faire jouir de la tranquilité la plus profonde. D'abord Varnier, poursuivi à outrance par des créanciers exaspérés et menacé d'être mis en prison pour dettes, trouva que le séjour de Dijon n'était plus tenable pour lui.

» Il disparut un beau matin, sans dire où il allait, et laissant son directeur dans un embarras facile à comprendre.

» Mon mari me raconta cette fugue qu'il trouvait plaisante.

» — Il me devait une douzaine de paires de gants, — ajouta-t-il en riant, — une patte de lièvre et quelques pots de rouge végétal; mais bah! je lui en fais cadeau de grand cœur.

» Le second événement fut la rupture d'Angéline avec son vieil amant, le marquis de C***.

» Il paraît que ce dernier l'avait surprise en flagrant délit de conversation trop intime avec un jeune sous-lieutenant, dans le splendide appartement décoré pour elle.

» Il avait mis, ou plutôt il avait fait mettre Angéline à la porte.

» Mon ex-amie venait de partir pour Paris, en annonçant qu'elle ne reviendrait pas.

» Donc je n'avais plus rien à redouter de ce côté.

» Je n'étais pas bien exigeante en fait de bonheur, et cette tranquillité suffisait pour me rendre heureuse ; — malheureusement elle ne devait pas durer longtemps.

» Un changement absolu dans la conduite de Bérard ne tarda guère à se produire.

» Mon mari passa dehors les journées entières, presque les nuits, et la plus profonde indifférence remplaça sans transition la tendresse qu'il m'avait manifestée d'abord.

» Ceci m'était parfaitement égal et j'en prenais le mieux du monde mon parti, mais ce dont je le prenais moins c'est que Bérard, après ces absences multipliées, rentrait de très-méchante humeur, et que dans les accès de cette humeur il rudoyait et maltraitait tout ce qui se trouvait autour de lui, à commencer par moi.

» A quoi donc passait-il son temps quand il n'était pas à la maison ? — Je l'appris bientôt.

» Bérard, entre autres vices, avait celui d'être joueur comme les cartes.

» Il était venu à bout de se faufiler, quoique coiffeur, dans une société d'étudiants et de jeunes gens de la ville, qui passaient leur vie autour d'un tapis vert. — Il jouait gros jeu, — presque toujours malheureusement, — et c'étaient ces pertes réitérées qui lui aigrissaient le caractère.

» Peu à peu l'argent commença à lui manquer.

» Mon occupation principale fut alors, par son ordre, de faire des factures et de les envoyer toucher.

» A peine une note montait-elle à cinquante ou soixante francs, qu'il fallait la présenter.

» Cette étrange façon d'agir mécontenta et éloigna la plupart de nos clients riches qui jusqu'à cette époque, ainsi que c'est l'usage d'ailleurs en province, n'avaient payé que tous les ans. — Parmi ceux qui nous restèrent fidèles il en est un dont je dois vous dire quelques mots, car il était destiné à jouer un grand rôle dans mon existence.

» Ce client, fils d'un banquier de la ville, portait le même prénom que mon mari, — il s'appelait Paul Lambert.

» C'était un beau garçon, de vingt-cinq ou vingt-six ans, — très-distingué de toutes les façons ; — grand et blond, avec un teint peut-être un peu trop rosé pour un homme ; — une belle barbe fine et soyeuse. — des petites moustaches et infiniment d'esprit.

» On s'occupait de lui dans Dijon, parce qu'il avait beaucoup d'argent à dépenser, qu'il était toujours admirablement bien mis, et qu'il passait sur un cheval anglais, suivi d'un groom pas beaucoup plus gros que celui de M. Georges de Coësnon, ici présent.

» Paul Lambert trouvait sans cesse de nouveaux prétextes pour venir à la maison.

» Sa consommation de parfumerie était effrayante !

» Dix hommes de bonne volonté n'auraient pu employer en un an ce qu'il achetait en un mois.

» C'étaient des montagnes de savons anglais, — des inondations d'eaux de senteur, — des cosmétiques, — des pommades, — des chemises brodées, — des sachets, — des cravates, — des gants... Bref, il se trouvait toujours avoir besoin de tout ce qu'il savait pouvoir rencontrer sur les rayons de notre magasin. Il payait comptant et en or, et paraissait professer pour la monnaie blanche le plus profond mépris.

» — Des mains comme les vôtres, madame Bérard, — me disait-il de temps en temps, — ne devraient jamais toucher que de l'or bien neuf, bien brillant, tout fraîchement sorti des balanciers de la Monnaie !... Ces ignobles pièces de cent sous salissent et déshonorent vos jolis petits doigts...

13

» Vous avez deviné déjà que Paul Lambert me faisait la cour... Ceci est parfaitement vrai.

» Il était passionnément amoureux de moi, — du moins il me le disait, et la chose me semblait assez vraisemblable.

» Oui, il me faisait la cour, — d'une manière tout à la fois passionnée et respectueuse, — et je n'en étais pas fâchée...

» Pourquoi cela?

» Est-ce donc que j'aimais ce jeune homme?...

» Non, je ne l'aimais pas; — et d'ailleurs je m'étais solennellement promis à moi-même d'être plus honnête femme que je n'avais été honnête fille.

» Paul Lambert n'avait donc rien à espérer et rien à attendre de moi; — mais il ne me déplaisait point, et son assiduité flattait singulièrement mon amour-propre. Jugez donc!... C'était la première fois que je voyais à mes pieds un jeune homme riche et beau, élégant, et réellement distingué. La passion qu'il affichait pour moi me prouvait que je pouvais plaire à d'autres qu'à des Varnier, à des Bérard, ou à de vieux satyres comme le marquis de C***.

» Je savais fort bon gré à Paul Lambert de m'aimer et de me le dire; je caquetais sans scrupule avec lui, mais cela n'allait pas plus loin et j'étais parfaitement résolue à ne point dépasser certaines limites...

» Hélas!... — la femme propose et... le diable dispose...

» Dans ce cas-là, le diable ce fut mon mari... vous allez voir.

» Un beau jour, une voiture s'arrêta devant le magasin.

» Un homme descendit de cette voiture et entra.

» Je tressaillis en reconnaissant mon épouvantail, le marquis de C***.

» Tout Dijon était convaincu que Bérard n'aurait jamais rompu avec Angéline s'il n'avait découvert qu'elle était la maîtresse du marquis. — Cette croyance était erronée, — je le savais, moi, — mais enfin elle existait. Le marquis, en outre, m'avait poursuivie de ses dégoûtantes propositions.

» Ii me sembla qu'il y avait de sa part un étrange cynisme à revenir dans ce magasin après les bruits qui couraient encore sur son compte à l'endroit d'Angéline, et surtout après ses poursuites si dédaigneusement repoussées par moi.

» La momie vivante vint à moi en se dandinant sur ses jambes de squelette rembourrées de ouate, — en grimaçant pour maintenir son lorgnon sur l'œil, — en jouant avec sa canne de corne de rhinocéros.

» A l'instant même la pièce se trouva remplie d'une suffocante et insupportable odeur de musc.

» — Bonjour, petite, bonjour, — grasseya le marquis en me saluant du bout des doigts et en m'examinant du haut en bas avec son impertinence accoutumée ; — charmante !... — toujours charmante ! parole !... — embellie encore, je crois !... — oui, d'honneur ! embellie par l'hymen !...

» Il me fut complétement impossible, malgré mes efforts, de surmonter le dégoût et la répulsion que m'inspirait cet odieux vieillard.

» Je fis très-mauvais visage à M. de C***.

» Il était venu à la maison sous prétexte d'emplettes.

» A chacune des choses qu'il me demanda, je répondis sèchement que nous n'avions pas ce qu'il lui fallait.

» Il finit par s'apercevoir qu'il y avait, de ma part, parti pris d'être maussade et disgracieuse.

» Il me regarda d'un air stupéfait.

» Il tourna sur ses talons, en murmurant :

» — Étonnante ! parole !... — très-bizarre !... — inimaginable !... — mais, bah !...

» Et, après m'avoir saluée du bout des doigts comme en arrivant, il sortit, tout en disant :

» — Malgré ça, charmante ! — un cœur ! un joli cœur !... — étonnante !... parole !...

» J'espérais, après ce qui venait de se passer, en être décidément et définitivement débarrassée.

» Je comptais, comme on dit, sans mon hôte...

» Bérard rentra ce soir-là un peu plus tôt que de coutume, — mais il semblait aussi maussade et aussi mal disposé que les autres jours.

» Il me demanda brutalement le chiffre des affaires que j'avais faites dans la journée.

» Je lui répondis en lui montrant mon livre de vente.

» Bérard ne le regarda qu'à peine.

» — Je croyais que M. le marquis de C*** était venu... — dit-il ensuite.

» — Il est venu, en effet... — répondis-je, profondément étonnée que mon mari fût au fait d'un semblable détail.

» — Qu'a-t-il acheté ?

» — Rien.

» — Comment, rien ?... — Qu'est-il donc venu faire, et pourquoi n'a-t-il pas acheté ?

» — Parce que je n'ai pas voulu lui vendre.

» Bérard me regarda d'un œil furieux.

» — Ah ! — s'écria-t-il, — vous avez refusé de vendre à M. de C*** ?...

» — A peu près.

» — Et peut-on savoir pourquoi, s'il vous plaît ?

» — Parfaitement...

» Et j'expliquai à Bérard quelques-unes des raisons qui me faisaient désirer que le marquis ne nous honorât point de sa clientèle.

» Bérard me laissa parler. Il ne m'interrompit pas une seule fois, mais, quand j'eus achevé, il se mit dans une violente colère. Il me dit que j'avais amené la ruine avec moi dans sa maison, — que j'éloignais les clients par ma maussaderie et par une pruderie ridicule et hors de propos, — que le chiffre des recettes baissait chaque jour, et que, non content de ne pas lui avoir apporté un sou de dot, je le conduirais rapidement à la misère en perdant tout à fait son commerce.

» Je courbai la tête sous ces reproches, et je ne répondis rien.

» Bérard finit par me donner l'ordre de traiter désormais le marquis avec des égards tout particuliers — (si notre bonne étoile permettait qu'il ne nous gardât pas rancune de ma mauvaise réception de ce jour), — et de le considérer comme le plus distingué et le plus précieux de nos clients.

» J'eus vaguement l'idée que Bérard se proposait d'emprunter de l'argent au marquis de C***.

» Mais je ne pouvais le questionner à cet égard ; — je demeurais donc dans l'incertitude, et comme après tout, mon mari était le maître, je promis de lui obéir strictement et religieusement en ce qui concernait le marquis de C***.

» Sans doute, — ainsi que le disait Bérard, — notre *bonne étoile* avait permis que la vivante momie n'eût pas de rancune... Dès le lendemain, M. de C*** reparut.

XXI

SCÈNE D'INTÉRIEUR

» A partir de ce jour, le marquis devint aussi assidu à la maison que l'était Paul Lambert lui-même.

» La personne du vieillard semblait du reste particulièrement antipathique au jeune homme qui, aussitôt que la momie vivante arrivait avec son lorgnon, ses pantalons rembourrés, son stick, ses gants paille et son odeur de musc, s'empressait de lui céder la place.

» De son côté, le marquis paraissait s'effaroucher fort de la présence presque continuelle de Paul Lambert.

» Évidemment ces deux hommes se considéraient comme des rivaux et se détestaient en conséquence.

» Il m'était impossible, malgré tous mes efforts,

d'être gracieuse avec M. de C*** ; — mais, afin d'éviter des reproches de Bérard et de violentes discussions, je faisais bonne mine au *précieux client,* comme disait mon mari.

» Cette modification dans ma façon d'être avec lui, — si légère qu'elle fût, — encourageait sans doute le marquis, car il ne cessait de m'accabler de ses adulations fades et de ses déclarations grasseyées, dont je ne faisais que rire, ne pouvant m'en irriter. Il achetait beaucoup, d'ailleurs, et payait sans marchander jamais.

» Un jour, Paul Lambert entra dans le magasin d'un air fort triste.

» — Savez-vous le bruit qui court par la ville ? — me demanda-t-il.

» — A quel propos ?

» — A votre sujet.

» — On parle donc de moi ?... — répliquai-je fort surprise.

» — Oui, on en parle, et malheureusement beaucoup trop...

» — Enfin, que dit-on ?... — que peut-on dire ?...

» — Les uns soutiennent que vous êtes, à l'heure qu'il est, la maîtresse de cet abominable marquis de C***.

» Je fis un geste d'indignation, et je murmurai :

» — Quelle horreur !...

» — Oh ! je sais bien que ce n'est pas *encore* vrai, — répondit Paul Lambert.

» Puis il reprit :

» — Les autres affirment qu'avant quinze jours vous appartiendrez à cet ignoble satyre...

» — Et vous êtes certain que l'on dit cela ? — m'écriai-je...

» — On me l'a dit à moi-même.

» — Et vous croyez que peut-être, en le disant, on n'a pas menti ?...

» — Je crois que si cela arrive ce sera malgré vous, mais je crois aussi que, par malheur, cela peut arriver...

» — Et qui répand de pareils bruits ?

» — Qui ? — M. de C***, en personne.

» — Oh ! — m'écriai-je, — ou il faudra que mon mari soit bien lâche, ou, quand il saura ce qui se passe, il jettera cet homme à la porte...

» — Et comment saura-t-il ce qui se passe ? — demanda Paul Lambert.

» — Je le lui dirai.

» — N'en faites rien, croyez-moi, — répondit le jeune homme avec un triste sourire.

» — Pourquoi donc ?

» — Ne me demandez pas de vous l'expliquer...

» — Je veux le savoir, au contraire...

» — Eh bien ! ceux qui disent ce que je vous ai répété tout à l'heure, ajoutent que, si vous devenez

13.

la maîtresse de M. de C***, c'est que votre mari vous aura livrée lui-même...

» Je poussai un cri d'indignation, puis je balbutiai d'une voix tremblante et entrecoupée :

» — Ceci est une calomnie, et des plus honteuses !... — Certes, je n'éprouve pas pour mon mari un grand amour, mais je trouve qu'il est lâche et infâme de l'accuser injustement...

» — Ainsi, — me demanda Paul Lambert, — vous pensez que cette accusation est injuste ?...

» — Certes !...

» — Tant mieux si vous ne vous trompez pas !... mais j'ai peur... Enfin, il est une chose que je vous supplie de ne point oublier...

» — Laquelle ?

» — C'est que vous avez en moi un ami dont le dévouement est absolu, et que, le jour où il vous faudra quelqu'un qui vous défende et qui vous sauve, vous me trouverez toujours prêt...

» Paul Lambert prononça ces paroles avec une émotion si vive et une exaltation si passionnée, que je ressentis en l'écoutant un trouble extrême, et que mon cœur se mit à battre bien vite.

» — Voyons, — poursuivit le jeune homme, — si, contre votre attente, vous avez besoin d'aide, vous adresserez-vous à moi ?

» — Oui... — murmurai-je tout bas... bien bas.

» — Vous me le promettez ?...

» — Je vous le promets...

» — Vous me le jurez?...

» — Je vous le jure...

» — Oh! merci! — s'écria Paul en saisissant malgré moi une de mes mains, en la portant à ses lèvres et en la couvrant de baisers, vous — êtes un ange et vous me rendez bien heureux, allez!...

» Je dégageai doucement ma main.

» Paul Lambert fit un mouvement pour la retenir ; mais, craignant de me déplaire, il céda.

» Plusieurs acheteurs entrèrent en ce moment dans le magasin, et notre entretien dut en rester là.

» Les paroles de mon fervent adorateur avaient produit sur moi une impression profonde.

» J'estimais trop Paul Lambert pour admettre qu'il fût descendu jusqu'à calomnier mon mari afin de se faire bien venir de moi. — Il n'avait été que l'écho des rumeurs publiques. Ces rumeurs pouvaient être exagérées, mais, de même qu'il n'y a pas de fumée sans feu, il était difficile que des bruits semblables prissent une certaine consistance s'ils ne reposaient sur rien.

» Dans tous les cas, il fallait que Bérard fût entouré d'un mépris bien général et bien profond, pour qu'on lui supposât la pensée de livrer sa femme.

» Or, si cette pensée était réellement la sienne, et s'il voulait la réaliser, qu'arriverait-il?...

» Je n'y pouvais songer sans épouvante.

» L'affection que M. Lambert avait pour moi, et le dévoûment qu'il me promettait, me rassuraient un peu, mais je n'en tremblais pas moins à l'idée des nouvelles angoisses, des nouvelles douleurs qui me menaçaient.

» Mon incertitude ne fut pas de longue durée.

» Le lendemain de ma conversation avec Paul Lambert, le marquis de C*** vint au magasin où je me trouvais seule.

» Il m'accabla, plus que jamais, de ses odieuses adulations, et il fit des emplettes pour une somme dont le chiffre était assez élevé.

» Au moment où le marquis achevait ces achats, Bérard rentra. Il fit preuve à l'égard de M. de C*** de l'obséquiosité la plus basse et la plus servile. Mon cœur s'en soulevait de dégoût.

» — A quelle heure faudra-t-il apporter à monsieur le marquis ce que monsieur le marquis vient d'acheter ?... — demanda-t-il enfin.

» M. de C*** regarda sa montre, et répondit :

» — Dans une heure...

» — Monsieur le marquis peut compter sur notre parfaite exactitude.

» — Bon.

» Et le vieux millionnaire sortit.

» Bérard semblait, ce jour-là, de très-bonne humeur.

» — Voyons, ma petite femme, — dit-il, en me

prenant par la taille, — apprête-toi vite, — je garde le magasin, — va t'habiller et fais une jolie toilette...

» — M'habiller, — demandai-je, — ne suis-je pas bien ainsi ?

» — Toujours charmante, mais un peu trop simplement mise.

» — Je vais donc sortir ?

» — Oui...

» — Et pour aller où ?...

» — Chez le marquis de C***.

» Je tressaillis, mais je me contins et je repris :

» — Qu'ai-je à faire chez le marquis de C*** ?

» — Ne faut-il pas lui porter, d'ici à une heure, tous ces objets ?...

» — Sans doute, mais ce n'est pas moi qui, d'habitude, fais les courses de ce genre...

» — Tu as parfaitement raison ; — seulement aujourd'hui est une exception...

» — Pourquoi donc ?

» — Le marquis de C*** n'est pas un client comme les autres, et nous devons le traiter avec une considération exceptionnelle...

» — Eh bien ! va toi-même chez lui.

» — Impossible. — J'ai un rendez-vous ici, précisément dans une heure...

» — Un rendez-vous ?

» — Oui.

» — Avec qui ?

» Bérard rougit imperceptiblement et fronça les sourcils non sans un commencement d'impatience.

» — Peu importe avec qui! — dit-il ensuite; — que ce soit avec Pierre, Paul, Jean ou Jacques, cela ne m'empêche pas moins de sortir...

» — Alors, — répliquai-je résolûment, — le marquis de C*** attendra...

» — Et pourquoi attendra-t-il?

» — Parce que je n'irai pas chez lui.

» — Tu n'iras pas?

» — Non.

» — Même si je te l'ordonne positivement?

» — Surtout si tu me l'ordonnes.

» Bérard frappa du pied.

» — Et peut-on savoir les motifs de cette étrange résistance? — s'écria-t-il avec colère.

» — Oh! très-bien.

» — Voyons...

» — Je ne veux pas qu'on dise que je suis la maîtresse de cet abominable vieillard...

» — Et pourquoi dirait-on cela?

» — Parce qu'on me verrait entrer chez lui.

» — Et qui le dirait?

» — Tout le monde.

» — Ah çà, Jane, vous êtes folle!... — vous inventez des absurdités incroyables!...

» — Et, non-seulement, — repris-je, — non-seulement on dirait cela, mais encore on ne manquerait pas d'ajouter que c'est vous qui, dans un but que j'ignore, tenez la main à ce que M. de C*** devienne mon amant.

» Bérard pâlit extrêmement.

» Mais il s'efforça de rester calme, et il demanda :

» — Est-ce que, par hasard, vous croyez toutes ces infamies ?...

» — Il y a une heure, je n'en croyais pas un mot...

» — Et maintenant ?...

» — Ah ! maintenant, je commence à douter...

» — Ainsi vous supposez que je veux vous livrer à M. de C*** ?

» — J'en ai peur...

» — Et dans quel intérêt le ferais-je, je vous prie?

» — Je vous ai déjà dit que je n'en savais rien.

» — Et qui vous fait supposer cela ?...

» — L'obstination que vous mettez à m'envoyer chez cet homme, malgré ma volonté et malgré toutes les raisons que je vous donne pour n'y pas aller...

» Pendant un instant Bérard garda le silence et parut réfléchir. Les symptômes d'un violent orage intérieur se voyaient sur son visage. A coup sûr il faisait tout ce qui dépendait de lui pour ne pas s'emporter. Il n'en vint à bout qu'imparfaitement, car au bout de quelques secondes il s'écria en frappant du pied :

» — Croyez ce que vous voudrez, après tout !... il

m'importe peu que vous soyez folle !... — Je ne céderai point à vos caprices ridicules, et vous irez chez M. de C*** !

» Je secouai silencieusement la tête.

» — Vous irez ! — répéta Bérard avec un grand éclat de voix.

» — Je n'irai pas, — répondis-je froidement.

» — Jane, faites attention à ce que vous dites !... ne me poussez pas à bout ! — il vous arrivera malheur !...

» — Il ne peut pas m'en arriver de pire que d'être la maîtresse d'un horrible vieillard qui me dégoûte, — et d'être jetée dans les bras de ce vieillard par mon mari !...

» En ce moment la fureur de Bérard, longtemps contenue, rompit ses digues et déborda. Le visage de mon mari devint subitement livide, puis rouge, puis presque violet. Il grinça des dents, et une légère écume blanche vint mouiller les coins de sa bouche.

» — Ah ! — balbutia-t-il d'une voix tellement indistincte que je devinai ses paroles plutôt que je ne les entendis, — ne faites pas tant la prude !... cela vous convient peu !... la maîtresse du comédien Varnier peut, sans déroger, devenir celle du marquis de C*** !

» Cette accusation terrible et si peu attendue tomba sur moi comme un coup de tonnerre.

» Je restai muette, confondue, anéantie, — ne

trouvant pas un mot à répondre pour essayer de me justifier.

» Bérard me saisit par le bras, — m'entraîna dans notre chambre à coucher, — m'assit, ou plutôt me jeta dans un fauteuil, puis s'élança vers le secrétaire.

» Sa main tremblante eut beaucoup de peine à mettre la clef dans la serrure de ce meuble.

» Enfin elle y parvint, et l'un des tiroirs céda.

» Je savais qu'il y avait, dans ce tiroir, des pistolets.

» Je crus que mon mari allait les prendre et me brûler purement et simplement la cervelle.

» J'aurais voulu fuir, mais je me trouvais dans un état de prostration tellement absolue, qu'il m'aurait été impossible de me soulever et de faire un pas.

» La pensée que j'allais mourir, et mourir bien jeune et bien malheureuse, traversa mon esprit comme un éclair...

» Je recommandai mon âme au bon Dieu et, comme en ce moment Bérard se retournait de mon côté, je fermai les yeux afin de ne pas voir briller la double flamme de ses pistolets... Mais pour commettre un meurtre il faut une espèce de courage... Bérard n'avait même pas celui-là. Il ne songeait nullement à me tuer.

» — Tenez, — me dit-il en jetant sur mes genoux un papier déplié qu'il avait saisi dans le secrétaire, — voilà la preuve de votre infamie... Lisez, et vous verrez que je sais tout, et que ce n'est pas avec moi qu'il faut jouer vos comédies de pruderie et de vertu si vous voulez trouver une dupe, car je ne serai pas la vôtre...

» Je rouvris les yeux, et je regardai ce papier accusateur.

» C'était une lettre, — mais non point une lettre anonyme, comme celle qui avait été remise à mon père.

» Ce billet, écrit et apporté à Bérard la veille de notre mariage, et signé en toutes lettres du nom d'Angéline, racontait avec les plus grands détails mon intrigue avec Varnier, et la tentative de vol faite par moi chez mon père pour m'enfuir avec le comédien.

» Dans cette lettre, une chose me frappa surtout, — la date.

» — Comment ! — m'écriai-je, — vous saviez cela avant de vous marier avec moi ?...

» — Je le savais.

» — Et vous m'avez épousée cependant ; — vous m'avez épousée, certain que j'en aimais un autre, — certain que j'étais sa maîtresse... — Vous êtes bien lâche !...

» Bérard me saisit le poignet et le serra à le briser. La colère le transportait à tel point qu'il laissa tomber son masque et se montra, pour la première fois, tel qu'il était.

» — Oui, je vous ai épousée malgré cela, — s'écria-t-il, — ou plutôt à cause de cela!... — je vous ai épousée comme on prend un instrument de fortune!... — Je vous ai épousée à cause de votre jeunesse, de votre beauté et de vos vices!... — je vous ai épousée parce que dans toutes ces choses il y a une mine d'or, et que je veux exploiter cette mine!... — Je suis las du commerce et du travail!... — je veux pouvoir jeter l'argent par les fenêtres, tout à mon aise, et n'avoir pas la peine de gagner cet argent!... — Je veux une femme qui soit pour moi une fortune; — vous êtes cette femme... — cette fortune vous me la donnerez ; — le marquis de C*** vous désire et vous achète un prix fou... — vous serez au marquis de C***... Une drôlesse de votre sorte n'a pas le droit de s'en plaindre! — Je vous dis que je serai riche par vous... — sinon je vous écraserai sous mes talons de bottes...

» En parlant ainsi, Bérard écumait.

» Mon indignation m'avait rendu toute ma force dont j'étais si complétement privée un instant auparavant.

» Je n'avais plus peur.

» Si mon mari avait tenu ses deux pistolets à la main, je n'aurais pas fait un mouvement pour éviter les balles.

» Je me levai et je marchai droit à lui.

» — Il est possible que je sois une *drôlesse*, — lui

dis-je bien en face, — vous avez prononcé ce mot tout à l'heure, et je ne vous démentirai point ; — mais si je suis une drôlesse, vous êtes pis qu'un misérable, et vous ne me valez pas!... — je me suis donnée à un amant, parce que je l'ai voulu... — peut-être me donnerai-je à d'autres, et je le ferai si bon me semble... — mais je ne veux pas être vendue!... Écrasez-moi sous vos talons de bottes, comme vous m'en menacez, c'est digne de vous!... — faites cela, monsieur Bérard ; mais vous ne me vendrez pas!... — Non! non! non! cent fois non!... vous ne me vendrez pas!...

» Bérard leva la main sur moi.

» — Obéiras-tu? — cria-t-il.

» — Non!

» — Obéiras-tu?

» — Non! non! non!...

» La main de mon mari retomba sur mon visage, — puis elle se releva de nouveau, et elle retomba encore.

» A travers ses dents serrées passaient ces mots sans cesse répétés : — Obéiras-tu?...

» Et, toute meurtrie des coups qu'il faisait pleuvoir sur moi, je répondais toujours : — Non! non!...

» La douleur enfin devint si violente que j'esssayai de résister...

» Alors commença une scène honteuse, ignoble... — une lutte corps à corps entre un homme et une femme.

» Je m'efforçais d'éviter les atteintes de mon mari, et de lui rendre coup pour coup.

» Dans cette lutte je devais être vaincue, et c'est ce qui m'arriva en effet.

» Mes cheveux s'étaient dénoués ; ils flottaient sur mon visage et ils m'aveuglaient.

» Bérard les saisit, les enroula autour de son bras, et, me tenant renversée sur mes genoux, les reins ployés, le corps soutenu de tout son poids sur ma chevelure, il me frappa de l'autre main, ou plutôt de l'autre poing, longtemps et avec toute la violence de sa fureur toujours croissante.

» Je me mis à pousser des cris aigus.

» Bérard, craignant un scandale public, essaya de les étouffer mais il ne put en venir à bout, et moi, comprenant ce qui se passait dans son esprit, je redoublai mes clameurs et j'appelai à l'aide d'une voix si aiguë qu'elle devait être entendue à une grande distance.

» Bérard, effrayé des suites que pouvait avoir cette horrible scène, dénoua mes cheveux enroulés autour de son bras, — me souleva de terre, — me jeta de toute ma hauteur à deux ou trois pas, et sortit de la chambre, me laissant étendue sur le parquet et presque sans connaissance.

» Quand je fus bien sûre qu'il n'était plus là je voulus me relever. Mais les douleurs que j'éprouvai aussitôt dans toutes les parties de mon corps furent tellement aiguës que je poussai un faible cri, et que je m'évanouis tout à fait.

» Lorsque je revins à moi-même je vis que mon évanouissement avait été long, car il faisait presque nuit.

» Il me sembla que je souffrais moins.

» Je me traînai jusqu'auprès d'un fauteuil aux bras duquel je me cramponnai, et je parvins à me soulever et à m'asseoir.

» A chaque mouvement le cœur me manquait.

» Par bonheur, sur une table, à portée de ma main, se trouvait un flacon d'eau de Portugal.

» Je pris de cette eau, j'en baignai mon front et mes tempes et je me sentis soulagée.

XXII

LA FUITE

» Il me fut possible alors de quitter le fauteuil sur lequel j'étais assise, et de m'approcher de la cheminée afin de me regarder dans la glace.

» Mon visage était tellement brûlant et douloureux que j'éprouvai très-sérieusement la crainte d'avoir été défigurée par les coups de mon mari. Qu'est-ce que vous voulez?... — pour être malheureuse on n'en est pas moins femme, par conséquent un peu coquette.

» Je vous ai dit qu'il faisait presque nuit.

» Le premier regard que je jetai sur ma figure à travers cette demi-obscurité m'effraya.

» Je n'étais pas reconnaissable.

» Un coup de poing terrible m'avait sillonné le front en y laissant une longue marque d'un rouge sombre.

» Un large cercle noir et livide entourait l'un de mes yeux.

» Enfin mes joues étaient marbrées de taches de toutes les couleurs.

» Par un hasard bien heureux pour moi aucun des coups de mon mari n'avait porté sur ma bouche, sans cela mes pauvres petites dents se seraient brisées comme verre.

» Et c'eût été dommage, n'est-ce pas ? »

En parlant ainsi, Jane montrait dans un sourire ses dents étincelantes d'une blancheur laiteuse, pour lesquelles nous sommes forcés de revenir à la vieille et classique comparaison : — *Trente-deux perles enchâssées dans un écrin de corail.*

Après ce petit acte de coquetterie accompli, la jolie conteuse reprit :

— Mes bras, mon cou, mes épaules, enfin mon corps tout entier, étaient meurtris et douloureux commme ma figure.

» Mais enfin je n'avais rien de cassé ; c'était l'essentiel.

» Seulement mon abominable gueux de mari m'avait, dans sa fureur et en me traînant sur le parquet, arraché ou brisé de longues mèches de cheveux qui auraient suffi, je crois, pour la coiffure d'une autre femme moins richement douée que moi sous le rapport de la chevelure.

» Je réparai de mon mieux tout ce désordre et je

me recoiffai rapidement. Je changeai aussi de vêtements, c'est-à-dire que je mis une autre robe à la place de ma robe déchirée.

» Ces premiers soins remplis, je me demandai ce que j'allais devenir et quel parti je pouvais prendre.

» Prendre un parti, — c'était bientôt dit, mais ce n'était pas facile à faire...

» Ma position manquait de grâce, je vous en réponds !...

» Après ce qui venait de se passer, il aurait fallu être folle, — archi-folle, — folle à lier, — pour continuer à vivre avec mon mari.

» Le misérable avait laissé tomber son masque, et, ce masque, il ne le remettrait certainement pas...

» J'étais prévenue...

» Je devais céder ou me préparer à être brisée.

» J'avais essayé de la résistance, — le châtiment ne s'était point fait attendre, et j'avais été bien littéralement *brisée*.

» Or, si je restais avec Bérard et si je ne me courbais pas sous sa volonté, un jour ou l'autre il me tuerait; — dans mon esprit cela ne faisait pas l'ombre d'un doute.

» Quitter mon mari était donc la première chose à faire, et la plus indispensable.

» Mais où aller?

» Chez mon père?

» Ce n'était point là un asile sûr. — Instruit de la faute que j'avais commise avant mon mariage, mon père serait pour moi un juge partial; — il ne me croirait pas quand je lui raconterais l'infamie de Bérard, — il donnerait raison à mon mari contre moi, — il se laisserait prendre de nouveau à son hypocrisie et à son double visage; — il me contraindrait à retourner vivre auprès de lui.

» Or, plutôt que de rester chez Bérard, je serais morte; — j'aurais mieux aimé me jeter du haut de la flèche de Saint-Bénigne, et mourir ainsi d'un seul coup et sans souffrance, que de mourir en détail et à petit feu martyrisée par mon mari.

» Je me dis et je me répétai tout cela; — et il me fut démontré jusqu'à l'évidence que je ne pouvais trouver en ce monde asile et protection que chez un seul homme, dont vous devinez le nom : — Paul Lambert.

» Une fois ma décision arrêtée, je voulus la mettre à exécution sans perdre une minute.

» J'attachai sur ma tête un chapeau très-simple, auquel j'ajustai un voile épais qui devait me cacher entièrement le visage. Je m'enveloppai dans un châle noir afin d'être moins remarquée, et je mis la main sur le bouton de la porte.

» Hélas! au premier pas, un obstacle sur lequel je n'avais pas compté m'arrêta. La porte était fermée en dehors!... ma fuite devenait impossible!...

» Je vous ai déjà dit deux ou trois fois, à propos de deux ou trois circonstances de ma vie : — *Comment ne suis-je pas morte ou comment ne suis-je pas devenue folle?*

» C'est le cas, je crois, de le répéter une fois de plus.

» Je sentis ma tête s'égarer d'autant mieux que je me persuadai qu'en rentrant mon mari allait certainement me tuer.

» Cependant il me restait une ressource, — c'était de sauter par l'une des fenêtres.

» Ces fenêtres, se trouvant à un rez-de-chaussée, n'étaient pas plus de quatre pieds et demi ou cinq pieds du sol, et la chute ne pouvait être dangereuse.

» Par malheur, elles donnaient toutes deux sur la place d'Armes toujours fréquentée, surtout le soir.

» J'allai cependant à l'une des fenêtres et je l'ouvris sans bruit. L'obscurité était devenue profonde dans la chambre; depuis la place on ne pouvait me voir.

» Certes, je me serais élancée sans hésiter, mais des groupes de jeunes gens passaient et repassaient sans cesse à une très-petite distance, je tomberais à quelques pas d'eux, et, comme il est peu habituel de voir les femmes sauter par les fenêtres, je serais entourée, questionnée, tout au moins suivie, et au bout d'une heure la ville entière saurait que je m'étais enfuie de chez mon mari pour aller chez Paul Lambert.

» Décidément il ne fallait pas songer à m'échapper ainsi...

» Mais que faire?

» Tandis que mon esprit se débattait dans les angoisses de l'incertitude et du désespoir, j'entendis à l'intérieur de l'appartement le bruit d'un pas rapide et saccadé qui se rapprochait de la chambre. Bérard rentrait.

» Presque en même temps, sa main se posa sur la clef restée en dehors et la fit jouer dans la serrure.

» Par instinct plutôt que par réflexion je me jetai dans le fond de l'un des deux cabinets vitrés, et je me cachai derrière des robes pendues à la muraille.

» Puis, immobile et tremblante, j'attendis.

» Je distinguais à peu près, par l'entre-bâillement de deux robes croisées sur moi, ce qui se passait dans la chambre.

» La porte s'ouvrit.

» Bérard entra.

» Il s'arrêta à quelques pas du seuil, comme étonné de l'obscurité et du silence, et il m'appela à deux ou trois reprises. Je n'eus garde de répondre.

» Bérard laissa échapper de ses lèvres une demi-douzaine de jurons énergiques, puis il alluma une bougie et regarda autour de lui.

» La chambre était vide.

» Il frappa du pied et se dirigea vers les cabinets qu'il ouvrait l'un après l'autre, — en commençant par celui où je me trouvais.

» J'étais en ce moment plus morte que vive.

» — Cependant, — murmura Bérard assez haut pour que je l'entendisse très-distinctement, — il est impossible... complétement impossible qu'elle soit sortie !...

» Et il se remit à fureter derrière chaque meuble, — à écarter les rideaux du lit et ceux des fenêtres.

» Alors, — seulement alors, — il s'aperçut que l'une de ces deux fenêtres était ouverte.

» Il frappa du pied en poussant une exclamation furibonde.

» Il lança la bougie et le flambeau qu'il tenait à la main au beau milieu de la glace de la cheminée, qu'il brisa ainsi en mille pièces, et il se précipita hors de la chambre, sans refermer la porte derrière lui et en s'écriant :

» — Ah ! la coquine !... mais je la rattraperai et elle me payera cela avec le reste.

» Une minute après je sortis de ma cachette, sur la pointe des pieds, je m'approchai de la fenêtre, et, protégée par l'obscurité, je vis mon mari traverser

14.

la place d'Armes en courant, et se diriger vers le café de mon père.

» Sans doute il pensait que j'avais dû me réfugier là, et il ne perdait pas une seconde pour aller me réclamer.

» Ainsi qu'il venait de le dire tout haut, il avait hâte de me *faire payer ma fuite avec autre chose.*

» A mon tour, alors, je sortis de la chambre à coucher.

» Je traversai le magasin qui se trouvait tout ouvert, — à l'abandon, — au pillage, — à la disposition du premier venu qui aurait jugé à propos d'entrer et de faire main basse sur les objets à sa convenance.

» Cet abandon m'inquiétait fort peu, je l'avoue.

» Je gagnai la rue.

» Je tournai le dos à la place d'Armes, certaine ainsi que chaque pas que je ferais m'éloignerait de mon mari, et je m'engageai dans la rue Vauban, puis dans celle du Petit-Potet. Je me dirigeais vers la rue Chabot-Charny, où demeurait Paul Lambert.

» Je marchais vite, afin d'être le moins longtemps possible exposée à de fâcheuses rencontres, mais je crois que, quand même j'aurais rencontré Bérard, il lui aurait été impossible de me reconnaître sous le voile qui cachait ma figure et sous le grand châle qui déguisait ma taille.

» Je vous ai déjà dit que le père de Paul Lambert

était un banquier. J'aurais dû ajouter le plus riche banquier de Dijon. Il habitait, rue Chabot-Charny, un très-bel et très-vaste hôtel situé entre cour et jardin.

» Les bureaux de la maison de banque occupaient le rez-de-chaussée. De chaque côté de la cour se trouvaient deux pavillons : l'un habité par Paul Lambert, l'autre consacré aux écuries et aux remises.

XXIII

PAUL LAMBERT

» L'hôtel avait un portier.

» Je soulevai le lourd marteau et je le laissai retomber. La porte s'ouvrit. J'entrai.

» Il était temps, car ma course avait été si rapide que mes jambes ne pouvaient plus me soutenir et que, une fois près de la loge du concierge, je m'appuyai à la muraille pour ne pas tomber.

» Le portier vint à moi aussitôt.

» — Que demande madame ? — fit-il.

» — M. Lambert... — répondis-je d'une voix tremblante.

» — Le père, ou le fils ?

» — Le fils.

» — M. Paul est sorti, madame.

» — Ah! mon Dieu! — murmurai-je malgré moi.

» A ce moment apparut derrière le portier le petit groom que j'avais vu vingt fois passer à cheval suivant son maître.

» Le portier se tourna vers lui.

» — Sais-tu où est M. Paul? — lui demanda-t-il.

» — Monsieur est au spectacle, — répliqua l'enfant.

» Puis il ajouta, en s'adressant à moi :

» — Si madame a besoin de parler à M. Paul tout de suite, je pourrais aller le prévenir.

» — Oh! je vous en prie... — balbutiai-je.

» — Madame veut-elle me dire son nom?

» J'ouvris la bouche pour répondre ; — mais je réfléchis aussitôt qu'il ne fallait pas que mon nom pût être prononcé devant d'autres personnes, dont les bavardages mettraient certainement mon mari sur la voie.

» Je me contentai donc de répliquer :

» — Donnez-moi un morceau de papier et un crayon, j'écrirai...

» Le portier me fit entrer dans sa loge et me présenta ce que je désirais.

» Sur un carré de papier je traçai ce seul mot : *Jane...* — je pliai ce papier en quatre et je le remis à l'enfant.

» — Je cours au théâtre, — fit-il.

» Et il sortit de la loge et de l'hôtel.

» — En l'absence de M. Paul, — dit le portier, — je ne puis prendre sur moi de conduire madame dans l'appartement de monsieur... mais voici un fauteuil, si madame veut prendre la peine de s'asseoir pour attendre plus à son aise..

» Je fis un geste d'acquiescement et je m'assis.

» En face de moi se trouvait une de ces vieilles horloges à gaîne qu'on appelle *coucous*.

» Cette horloge marquait neuf heures.

» J'attachai mes regards sur la grande aiguille et je me mis à compter les minutes qui s'écouleraient jusqu'à l'arrivée de Paul. J'étais dans un horrible état de surexcitation fiévreuse et nerveuse. Il me semblait à chaque instant que j'allais voir entrer mon mari, — et, cependant, s'il y avait au monde une chose impossible, c'était-celle-là.

» Au moment où l'horloge indiquait neuf heures et demie, le marteau de la grande porte retentit violemment.

» Je tremblais de tout mon corps.

» Le portier tira le cordon.

» Paul Lambert, — car c'était lui qui arrivait enfin, — entra vivement dans la loge, et, me prenant les deux mains, il me dit d'une voix très-émue :

» — C'est vous !.. c'est donc vous !.. oh ! venez !.. venez vite !...

» Je le suivis, où plutôt il m'entraîna.

» Nous arrivâmes ensemble au premier étage du pavillon que Paul habitait. Il ouvrit la porte.

» Une veilleuse brûlait sur une table dans l'antichambre ; — à cette veilleuse il alluma une bougie, — puis, m'entraînant de nouveau, il me fit traverser un salon somptueusement meublé, et m'introduisit dans une chambre à coucher ravissante et coquette comme celle d'une femme entretenue... bien entretenue.

» Là il s'arrêta... Chemin faisant nous n'avions pas échangé une seule parole.

» Paul me fit asseoir dans une large et profonde chauffeuse, et, se mettant à genoux devant moi sur le tapis, il prit de nouveau mes deux mains, puis, les appuyant contre son cœur par un geste charmant, il murmura :

» — Jane !... chère Jane !... — c'est donc bien vous !... — vous êtes venue !... oh ! merci !... si vous saviez comme je suis heureux !...

» A ces douces et tendres paroles mon cœur trop gonflé depuis si longtemps déborda. — Je me mis à sangloter.

» — Oh ! mon Dieu ! — s'écria Paul, — vous pleurez !... qu'avez-vous ?... qu'avez-vous donc ?

» Je ne pus répondre.

» Paul reprit :

» — Ah ! j'étais fou de me réjouir tout à l'heure !.. — j'aurais dû comprendre que, puisque vous veniez à moi, c'est qu'il y avait un danger ou un malheur sur votre tête... — il y a un danger, n'est-ce pas?... il y a un malheur?...

» — Oui, — balbutiai-je.

» — Lequel?...

» Je soulevai mon voile, et je dis :

» — Regardez-moi...

» Paul jeta les yeux sur mon visage livide, sillonné de meurtrissures, et poussa un cri de stupeur.

» — Vous voyez! — repris-je.

» — Et, — demanda Paul d'une voix sourde et comme étouffée, — qui vous a mis dans cet état?

» — Lui...

» — Votre mari, n'est-ce pas?

» — Oui... mon mari...

» Paul devint très-pâle.

» — Le misérable! — murmura-t-il, — oh! le misérable!

» Puis, après un silence, il ajouta :

» — Ce que je vous avais dit était donc vrai?

» — Oui.

» — Il a voulu vous vendre à cet infâme vieillard?

» — Oui.

» — Et, comme vous ne vouliez pas être vendue, il vous a frappée?...

» — Oui.

» — Le misérable! — répéta Paul.

» Ensuite il s'assit auprès de moi, et, tenant toujours mes deux mains qu'il couvrait de baisers, il poursuivit :

» — Pauvre Jane, chère enfant, ce malheur horrible qui vous arrive, voyez-vous, c'est un bonheur... — Racontez-moi tout... — confiez-vous à moi.. à moi, qui vous aime.. qui vous soutiendrai.. qui vous vengerai...

» Je fis rapidement à Paul le récit que je vous ai fait tout à l'heure... — Seulement, comme bien vous pensez, je ne lui parlai point de Varnier.

» Quand j'eus achevé, Paul me dit :

» — Vous le voyez, j'avais raison, ce malheur est un bonheur, — il fallait en finir... il fallait qu'un événement odieux vous donnât le courage et la force de briser une chaîne trop lourde... — Maintenant, le passé n'est qu'un songe... vous voici sous ma garde.. — personne ne peut plus rien contre vous...

» — Il me retrouvera, — balbutiai-je.

» — Non, — car je vous cacherai si bien que ni lui, ni qui que ce soit au monde, ne pourra vous découvrir jamais !...

» — Où me cacherez-vous donc ?

» — A Paris.

» — A Paris ! — répétai-je avec étonnement.

» — Nous y serons demain soir.

» Après avoir dit ce qui précède, Paul abaissa de nouveau mon voile sur mon visage ; puis il sonna.

» Le groom accourut.

15

» — Tu vas aller ordonner de ma part à Antoine, si par hasard on venait s'informer auprès de lui, de répondre que personne ne m'a demandé ce soir à l'hôtel, — tu entends bien, *personne*, — et d'ajouter que je suis parti pour la Borderie, où je dois passer quelques jours...

» La Borderie était une terre que M. Lambert, le banquier, possédait à cinq ou six lieues de Dijon, sur la route de Paris.

» Paul continua :

» — Aussitôt après cet ordre donné, tu iras à l'office, tu prendras un poulet froid, des confitures et du vin de Bordeaux, et tu apporteras tout cela ici... — Fais vite.

» Le groom s'inclina et sortit.

» Il revint au bout d'un instant, avec les éléments d'un souper improvisé.

» Je n'avais rien pris depuis le matin, et, quoique mon esprit ne fût guère tranquille, mon besoin était si grand que je mangeai avec appétit.

» Il était à peu près onze heures quand ce repas fut achevé.

» — Chère Jane, — me dit Paul, — je voudrais bien qu'il me fût possible de vous laisser prendre quelques heures de repos ; — mais la prudence ne le permet pas ; — il faut que nous partions cette nuit même... le voulez-vous ?

» — Tout ce vous voulez, je le veux...

» Paul sonna de nouveau.

» — Mon père est-il chez lui ? — demanda-t-il au groom.

» — Non, monsieur ; — M. votre père est au bal chez le receveur général, et la voiture ne doit aller le prendre qu'à une heure du matin.

» — Bien. — Tu vas faire garnir et atteler *Roméo* à mon cabriolet, — tu le sortiras de l'hôtel, en main, et tu iras m'attendre avec lui à la porte Saint-Pierre...

» — Oui, monsieur.

» — Sois prêt dans une demi-heure, au plus tard.

» — Oui, monsieur.

» Le groom courut exécuter les ordres qu'il venait de recevoir, et Paul me demanda la permission d'écrire à son père pour le prévenir de son brusque départ.

» J'étais épuisée de fatigue ; — tandis qu'il écrivait, je m'endormis. — Il me réveilla doucement.

» — Chère Jane, — me dit-il, — pardon, — mais le temps presse...

» — Je suis prête, — lui répondis-je.

» Paul était en costume de voyage et tenait sur son bras une chaude pelisse de fourrure.

» — Avec ceci, — fit-il en me la montrant, — vous n'aurez pas froid, j'espère... — Nous descendrons quand vous voudrez. — Prenez mon bras, je vous en prie...

» Arrivés sur le seuil de l'hôtel, Paul me laissa en arrière et sortit le premier, pour explorer les alentours.

» Au bout d'une seconde, il revint en disant :

» — Venez, — aussi loin que la vue peut s'étendre, à droite et à gauche, la rue est complétement déserte ; — nous n'avons rien à craindre.

» Puis, aussitôt que nous fûmes sortis, il ajouta :

» — J'ai envoyé ma voiture nous attendre à quelque distance afin d'éviter les bavardages des domestiques... — à l'heure qu'il est, personne, excepté le vieil Antoine et mon groom, ne se doute qu'une femme est entrée dans l'hôtel aujourd'hui... — or, je peux compter absolument sur la discrétion d'Antoine et sur celle de mon groom ; — vous voyez donc que notre secret sera bien gardé...

» Tandis que Paul parlait ainsi, nous approchions de la place Saint-Pierre. Bientôt nous vîmes le cercle de lumière qui s'échappait des lanternes de la voiture. Le cheval frappait du pied, comme une bête de pur sang que l'immobilité impatiente.

» Paul m'enveloppa dans la pelisse de fourrure, et me soulevant entre ses bras me plaça dans le coin de gauche.

» Lui-même s'installa à droite.

» Le groom monta derrière, et Roméo, à qui son maître rendit la main, partit un peu plus vite que la locomotive d'un chemin de fer.

XXIV

RUE DE PROVENCE.

» A peine étions-nous en route depuis cinq minutes que l'accablement de mon corps triompha de nouveau de l'agitation de mon esprit. Chaudement enveloppée de fourrures, j'éprouvais, après tant de fatigues et de souffrances, une délicieuse sensation de bien-être. Je m'endormis, ainsi que je l'avais déjà fait un peu auparavant dans la chambre de Paul Lambert. Ce sommeil dura aussi longtemps que le mouvement de la voiture. Le cabriolet me réveilla en s'arrêtant.

» J'ouvris les yeux.
» Il était jour, — je demandai :
» — Où sommes-nous ?
» — A la Borderie... — me répondit Paul.
» — Le château de votre père !... m'écriai-je.
» — Oui.

» — Mais, ne craignez-vous pas qu'on sache ?...

» — Rien... — On ne saura rien. — Il n'y a dans ce moment à la Borderie que la femme de charge et le jardinier, son mari ; — la femme de charge a été ma nourrice, — tous deux se jetteraient au feu pour moi... — ils ne diront pas un mot...

» Paul était descendu de voiture et m'aidait à descendre à mon tour. Il me fit entrer dans le château ; — on alluma du feu dans une des pièces et on nous servit à déjeuner.

» Pendant ce temps, et d'après les ordres de Paul, on avait tiré de dessous les remises une vieille voiture de voyage et on était allé chercher des chevaux de poste.

» Nous ne tardâmes pas à entendre dans la cour le bruit des grelots et les claquements de fouet du postillon.

» — Allons, chère enfant, — me dit Paul, — il faut partir... je ne vous considérerai comme parfaitement hors de péril que quand nous serons à Paris...

» Un instant après nous étions en voiture, et nous roulions sur la route royale avec une vitesse d'autant plus grande que le postillon savait par expérience combien celui qu'il menait était généreux.

» Je ne vous dirai rien de notre voyage, qui fut court; — le même jour, vers minuit, nous entrions dans Paris, — dans ce Paris que je ne devais plus quitter...

» Paul nous avait fait conduire à un hôtel où il avait l'habitude de descendre. Il dit en arrivant que j'étais sa sœur et prit un appartement séparé du mien...

» Ce garçon avait d'admirables et incroyables délicatesses !

» Les hommes ne savent pas, souvent, combien il peut y avoir de preuves d'amour dans une apparente indifférence ! — Paul le devinait.

» Je me couchai donc à minuit, tout en arrivant, car j'étais trop fatiguée pour avoir faim.

» Je ne me réveillai que le lendemain à deux heures de l'après-midi. J'étais complétement reposée, et les vives douleurs qui résultaient des brutalités de mon mari avaient presque disparu. Je me levai et je m'habillai.

» Vers trois heures Paul frappa à la porte de ma chambre, en se nommant.

» Je courus lui ouvrir.

» — Depuis ce matin, — me dit-il, — je me suis bien occupé de vous, chère Jane.

» — Qu'avez-vous fait ?

» — Vous le verrez dans un instant, si vous êtes disposée à sortir.

» — Oh ! tout de suite...

» Nous descendîmes.

» Paul avait une voiture en bas.

» —Rue de Provence, n° 9, — dit-il au cocher.

» — Chez qui allons-nous donc? — demandai-je.

» Paul ne répondit pas, et sourit.

» Au bout de cinq minutes, la voiture s'arrêta.

» Paul me fit monter au troisième étage d'une fort belle maison. Il tira une clef de sa poche, il ouvrit une porte et nous entrâmes tous les deux dans un petit appartement qui était la plus jolie chose du monde.

» Cet appartement ne se composait que d'une antichambre, un salon, une salle à manger et une chambre à coucher, mais tout cela était charmant.

» Paul me conduisit partout, — me fit tout examiner dans le plus grand détail.

» — Comment trouvez-vous cela ? — me demanda-t-il enfin, en me conduisant dans la salle à manger.

» — Oh! — m'écriai-je, — je n'ai jamais rien vu, ni rien rêvé d'aussi adorable!

» — Vrai?

» — Mais, je le crois bien, que c'est vrai!

» — Ainsi, vous vous plairiez dans un appartement semblable à celui-ci?

» — Qui donc ne s'y plairait?

» — Ce que vous me dites là me rend bien heureux.

» — Pourquoi donc?

» — Parce que, chère Jane, vous êtes chez vous.

» — Chez moi? — murmurai-je stupéfaite.

» — Oui, chez vous...

» Et comme je ne pouvais pas croire ce que j'entendais, Paul tira de son portefeuille et me présenta une quittance de deux termes payés d'avance au nom de *mademoiselle Jane Rémy.*

» — J'ai dû vous donner un autre nom que le vôtre, — ajouta-t-il, — vous comprenez pourquoi...

» Il n'y avait plus moyen de douter.

» Je témoignai ma joie et ma reconnaissance à Paul d'une manière aussi expressive que je pus.

» Ensuite il me dit :

» — Vous quittiez votre lit quand je suis venu vous prendre à l'hôtel, — vous n'avez donc pas encore mangé aujourd'hui... — mettons-nous à table, mon enfant, et faisons honneur à la cuisine de Chevet...

» Sur la table de la salle à manger se trouvait un repas complet.

» Je ne me fis pas prier.

» Pendant ce repas, qui n'était ni un déjeuner, ni un dîner, ni un souper, et que vous appellerez comme vous voudrez, je dis à Paul :

» — Mais il est impossible, complétement impossible, que vous ayez organisé en quelques heures toutes ces belles choses.

» — C'est vrai, — me répondit-il en riant. — Quoique Paris soit le pays des miracles, je ne me serais pas senti de force à réaliser celui-là...

» — Comment donc avez-vous fait?
» — C'est bien simple.
» — Je suis curieuse... — expliquez-moi...
» — Je me suis adressé à un tapissier que je connais, et je lui ai demandé combien il lui faudrait de temps pour décorer et meubler un appartement digne de servir de nid à une fée... — il m'a répondu que trois jours, au moins, lui seraient indispensables; mais il a ajouté qu'il pouvait, par le plus grand hasard du monde, me tirer d'embarras sur-le-champ... — Une de ses clientes, une actrice, venait de lui faire arranger un logis précisément pareil à celui que je désirais, et, au moment d'en prendre possession, se trouvait appelée à New-York par un engagement magnifique; — c'était tout prêt et absolument neuf; l'actrice ne demandait qu'à céder le mobilier sans perte et sans bénéfice; — l'occasion me parut merveilleuse... — le tapissier m'amena ici. — Je trouva l'appartement convenable, quoiqu'il me parût encore indigne de vous; — mais nous avions l'inappréciable avantage de n'attendre ni une heure, ni une minute. Je chargeai le tapissier de terminer immédiatement avec l'actrice... ce qui fut fait. — J'allai trouver le propriétaire à qui j'annonçai, en lui payant deux termes, qu'il avait une locataire au lieu d'une autre... — Et voilà, chère enfant, de quelle façon vous êtes chez vous...

» Paul ajouta que mon service serait fait par une

domestique que le tapissier devait envoyer, et dont il répondait.

» Il me dit en outre que, dès le lendemain, j'aurais en abondance tout ce qui me manquait, linge, robes, chapeaux, etc...

» Vous conviendrez qu'il était difficile de ne pas adorer ce brave garçon-là...

» Ce n'était plus ni un Varnier, ni un Bérard, celui-là !...

» Quand je pensais à ces deux êtres abominables, dont l'un avait été mon amant et dont l'autre était mon mari, mon cœur se soulevait de dégoût...

» Aussi je résolus d'y penser le moins possible...

» Lorsque notre repas fut achevé, Paul me dit :

» — Auriez-vous peur, chère Jane, de rester une demi-heure toute seule ?...

» — Oh non, — répondis-je, une demi-heure, c'est bien court ; — d'ailleurs je vais me mettre à la fenêtre et je regarderai passer le monde...

» Paul m'embrassa sur le front et sortit.

» A la porte, je le vis monter dans la voiture qui nous avait amenés et qui l'attendait toujours.

» Cette voiture s'éloigna rapidement.

» Au bout de moins d'une demi-heure elle était de retour.

» Paul en descendit, portant des objets assez volumineux. C'étaient des cartons.

» — Qu'avez vous donc là dedans? — m'écriai-je quand il fut auprès de moi.

» Paul ouvrit les cartons.

» Dans l'un, il y avait un chapeau très-joli, mais très-simple, sur lequel on pouvait attacher un voile.

» Dans l'autre un châle des Indes.

» — Mais, — murmurai-je, — je n'avais pas besoin de cela aujourd'hui...

» — C'est ce qui vous trompe.

» — Nous allons donc sortir?

» — Oui.

» — Et où irons-nous?

» — Au spectacle.

» Je me mis à sauter du joie, comme une véritable enfant.

» La robe que je portais était une robe de soie noire un peu fanée par le voyage; mais avec le châle et le chapeau ma toilette ne manquait pas cependant d'une certaine élégance simple et de bon goût.

» Paul tira de sa poche un très-beau voile de dentelle noire, et me le donna. Il avait pensé à tout!...

» Nous montâmes en voiture.

» Paul me conduisit au Palais-Royal.

» Jamais de ma vie, je crois, je ne me suis autant amusée que ce soir-là... Dame! vous comprenez, moi qui n'avais jamais vu que des acteurs de provinces!...

» On jouait la *Rue de la Lune*, avec Sainville et Ravel ; — on jouait l'*Omelette fantastique*; — on jouait la *Sœur de Jocrisse*, avec ce pauvre Alcide Touzet, qui n'était pas encore mort dans ce temps-là...

» Nous étions dans une loge d'avant-scène du rez-de-chaussée, grillée, et où, par conséquent, on ne pouvait me voir ; — mais je riais si fort que les jeunes élégants et les vieux beaux des fauteuils d'orchestre se tournaient continuellement du côté de notre loge, fort intrigués par ces éclats de rire sans fin...

» Quand le spectacle fut fini je le croyais à peine commencé, et je ne pus m'empêcher de dire :

» — Déjà !...

» — Vous vous êtes bien amusée ? — me demanda Paul.

» — Ah ! certes ! je le crois, que je me suis amusée !... et de tout mon cœur !...

» — Eh bien, chère enfant, ce sera comme cela demain, et après-demain, et tous les jours...

» Nous nous trouvions en ce moment dans le couloir et au milieu de la foule, et cependant j'aurais volontiers sauté au cou de Paul devant tout le monde, pour l'embrasser, tant j'étais contente !...

» Nous arrivâmes à la maison,

» Il était minuit et demi.

» La domestique envoyée par le tapissier attendait chez le concierge.

» Elle monta avec nous et fut sur-le-champ installée dans ses fonctions qu'elle commença en préparant la chambre à coucher.

» Pendant ce temps nous causions dans le salon.

» — La chambre de madame est prête… — dit la domestique.

» Paul se leva, — m'embrassa sur le front, comme il avait fait dans la journée quand il était sorti pour aller me chercher un chapeau et un châle, et me dit :

» — A demain…

» Je ne sais ce qui se passa dans mon cœur en ce moment.

» Je me sentis rougir comme une jeune fille au début de son premier amour.

» Je baissai les yeux, et je murmurai :

» — Vous partez ?…

» — Mais… il me semble… — dit Paul d'une voix qui n'était pas beaucoup moins émue que la mienne.

» Il y eut un moment de silence.

» J'avais toujours les yeux baissés, et cependant je sentais à merveille que ceux de Paul étaient attachés sur mon visage, et il me semblait que son regard me brûlait le cœur.

» Mes paupières se soulevèrent malgré moi.

» Le regard de Paul et le mien se fondirent en un seul.

» Je sentis mon cœur battre et mes lèvres devenir humides.

» Paul se taisait et semblait attendre…

» Je murmurai :

» — Ne partez pas

» — Ah ! — cria Paul, — enfin !... enfin !...

» Et je vous assure que le pauvre garçon ne demandait pas mieux que de rester...

» Ah ! monsieur Bérard !... monsieur mon mari, vous ne l'aviez pas volé !...

» Le plus cher de vos vœux était exaucé !... — seulement ça ne vous rapportait rien...

XXV

MAUVAISES NOUVELLES

» Le lendemain, — ainsi que Paul Lambert me l'avait annoncé la veille, — je me vis pourvue plus qu'abondamment de toutes les choses qui me manquaient.

» Une couturière m'apporta des étoffes et me prit des mesures.

» Puis vinrent la lingère, — le cordonnier, — le gantier, etc... — je n'en finirais pas si je voulais détailler.

» Seulement, pour vous donner une idée du pied confortable sur lequel Paul voulut me mettre du premier coup, je vous dirai qu'Alexandrine fit mes robes, — madame Barenne mes chapeaux, — Muller mes bottines... Jugez !...

» Quelques semaines s'écoulèrent dans un continuel enivrement. Tous les plaisirs de Paris, — ces plaisirs surtout qui ne sont qu'à la portée des gens riches, — Paul me les prodiguait. Je ne pouvais former un désir sans qu'il fût à l'instant même, je ne dirai pas exaucé, mais prévenu.

» Au bout de ce temps, je fus curieuse de savoir ce qui se passait à Dijon, et quel avait été l'effet produit par ma brusque disparition.

» Je n'avais qu'un seul moyen de satisfaire cette curiosité bien naturelle.

» Je l'employai. J'écrivis à mon père une longue lettre.

» Dans cette lettre, dont la rédaction ne me coûta pas moins de quatre jours de travail, je lui donnais tous les détails imaginables sur la conduite de Bérard, — sur les projets dont il avait voulu me faire l'instrument, — sur les brutalités odieuses par lesquelles il avait puni ma résistance.

» J'ajoutai que, bien certainement, il m'aurait tuée si je n'avais pris le parti d'échapper à ses infâmes traitements.

» Mais je n'ai pas besoin de vous affirmer que je ne disais pas un seul mot de Paul Lambert.

» Je disais simplement que j'étais à Paris où s'était offert à moi un asile sûr, — sans expliquer quel était cet asile.

» Enfin, je demandais une réponse.

» Seulement, comme je ne voulais pas m'exposer aux fâcheuses chances d'une indiscrétion même involontaire ; — comme je ne savais pas si Bérard n'aurait point pris un tel empire sur l'esprit de mon père, que ce dernier refusât d'ajouter foi au récit parfaitement exact que je lui faisais, — je le priais de m'adresser sa réponse *poste restante*, aux deux initiales : J. R.

» Cette réponse ne se fit pas attendre.

» Elle était aussi complète et aussi satisfaisante, sous certains rapports, que je pouvais le désirer.

» Mais, sous quelques autres, elle devait m'effrayer beaucoup, et elle m'effraya en effet.

» Tout ce que j'avais dit à mon père, il le croyait. — De détestables renseignements lui étaient arrivés de toutes parts sur le compte de mon mari, à qui il déplorait de m'avoir sacrifiée.

» Personne ne doutait dans la ville que les brutalités de Bérard eussent déterminé ma fuite, car plusieurs passants avaient entendu les cris aigus poussés par moi lorsque mon mari me meurtrissait le visage et le corps, pendant cette terrible scène que je vous ai racontée.

» On croyait généralement que j'étais partie seule.

» La voix publique était donc unanime pour donner tous les torts à Bérard ; — mais il avait la loi pour lui.

» En conséquence, il s'était adressé au commissaire, au procureur du roi, à tous les gens de loi enfin, et il avait obtenu l'ordre de me faire chercher partout et de m'arrêter dans l'endroit où on me trouverait, pour me forcer, — comme on dit à ce qu'il paraît, — *à réintégrer le domicile conjugal...*

» D'après ce que vous en connaissez de ce domicile, vous voyez que ce n'était pas précisément gai !...

» Mon père terminait en me disant de me bien cacher, — de ne pas faire d'imprudence, et, si j'avais besoin d'argent, de lui écrire, — il m'en ferait parvenir le plus qu'il pourrait.

» Je vous répète qu'en apprenant que la police était à mes trousses et qu'on devait m'arrêter, j'eus une horrible frayeur.

» Je m'attendais à voir entrer à chaque instant les gendarmes chez moi.

» Je montrai à Paul la lettre de mon père.

» Il me rassura de son mieux et il affirma que grâce à mon changement de nom, et en ayant la précaution de sortir toujours voilée et en voiture, il était impossible qu'on trouvât ma trace.

» Ceci me tranquillisa un peu.

» Je répondis à mon père que je n'avais pas besoin d'argent et que je le priais de m'écrire une seconde lettre le mois suivant, à une date fixe que j'indiquais.

» Cette seconde lettre ne m'apporta rien de nouveau si ce n'est la nouvelle que d'après le bruit public les affaires commerciales de Bérard, qu'on avait crues jusqu'alors si florissantes, étaient en fort mauvais état.

» A partir de ce moment j'entretins avec mon père, de mois en mois, une correspondance régulière, toujours poste restante.

» Ses lettres restaient insignifiantes.

» Le printemps, l'été et l'automne s'écoulèrent.

» Nous étions arrivés au mois de novembre ou de décembre 1847.

» La lettre de ce mois-là me produisit l'effet d'un coup de foudre.

» Bérard avait perdu au jeu tout ce qu'il possédait, et même beaucoup plus.

» Plusieurs créanciers, entre autres Salomon Caën auquel il empruntait depuis longtemps, venaient de faire vendre chez lui.

» Après sa mise en faillite, et pour éviter les contraintes par corps, Bérard avait pris la fuite et s'était, — disait-on, — réfugié à Paris...

» A Paris !...

» Dans la même ville que moi !... — à dix pas de moi !...

» Peut-être l'avais-je déjà rencontré sans le savoir !...

» Peut-être m'avait-il suivie... — peut-être savait-il où je demeurais !...

» Peut-être, d'une heure à l'autre, allait-il arriver chez moi en compagnie de la police, pour me contraindre à retourner vivre avec lui...

» Et maintenant qu'il était sur le pavé, — ruiné, — sans ressources... — ces ressources qui lui manquaient, ne voudrait-il pas, plus que jamais, les trouver en moi ?...

» Je perdis la tête.

» J'ordonnai à ma domestique de tout fermer à double tour, — de tout barricader et de n'ouvrir à qui que ce fût.

» Puis je me jetai sur une chauffeuse et je me mis à pleurer, ou plutôt à sangloter amèrement...

» Sur ces entrefaites, on sonna à la porte de l'appartement.

» J'étais folle !... complétement folle !...

» Je poussai des cris.

» On sonna une seconde fois, et plus fort.

» Mes cris redoublèrent... — j'ouvris une fenêtre, et, attirée par un incompréhensible vertige, je fus au moment de me précipiter du troisième étage dans la rue.

» Par bonheur ma domestique entra et me dit :

» — Madame, c'est monsieur qui sonne.,. je viens de l'entendre demander au portier, depuis le haut de l'escalier, si nous étions sorties toutes les deux... Est-ce qu'il ne faut pas lui ouvrir ?...

» Ces mots me rappelèrent à moi-même.

» — Si... si... — m'écriai-je, — ouvrez... ouvrez vite...

» Paul put enfin pénétrer dans l'appartement.

» Il vint à moi, le visage froid et l'air irrité.

» — Ah çà, — me demanda-t-il, — qui cache-t-on ici ?...

» Je ne lui répondis qu'en me jetant dans ses bras et en cachant mon visage contre sa poitrine.

» Paul m'éloigna de lui doucement, mais avec fermeté, et répéta sa question.

» Je lui tendis la lettre de mon père.

» — Ah ! ma pauvre enfant ! — murmura-t-il après l'avoir lue, — je comprends maintenant...

» — Que faire ? — balbutiai-je, — s'il me retrouve, je suis perdue...

» — Je t'emmènerais bien en Italie, — me répondit-il, — nous y passerions l'hiver, et cela nous donnerait le temps d'aviser... Malheureusement, c'est impossible...

» — Pourquoi ?

» — Parce que, le mois prochain, ma présence à Dijon sera indispensable à mon père, et que je me verrai forcé d'y passer quelques semaines auprès de lui...

» — Alors, — m'écriai-je avec épouvante. — je resterai donc seule ici ?...

» — Il le faudra bien, ma pauvre Jane...

» Mais je mourrai cent fois, songes-y donc, si cet homme me retrouve !...

» — Mon Dieu! s'il te retrouve... — Après tout, que veut-il cet homme? — de l'argent, — je lui en donnerai assez pour le faire taire... — je lui payerai une pension dans quelque province éloignée, — dans le Midi... par exemple... — c'est un misérable... il acceptera...

» Cette assurance me tranquillisa un peu.

» — Dailleurs, — continua Paul, — en redoublant de précautions, en ne quittant jamais ton voile, il y a cent contre un à parier que ton affreux mari ne te retrouvera pas, et qu'il passerait vingt fois à côté de toi dans la rue sans te reconnaître.

» Ce que me disait Paul était très-vraisemblable en effet; — mais on ne peut pas commander à sa frayeur et il m'était impossible de dominer la mienne.

» Je n'osai plus sortir.

» Pendant plusieurs semaines je ne mis pas une seule fois les pieds hors de chez moi.

» Je refusais d'aller au spectacle avec Paul.

» Il était impossible d'imaginer une existence plus horriblement triste que la mienne.

» Chaque coup de sonnette me donnait une sorte de tressaillement nerveux, qui durait bien longtemps après que ma terreur était dissipée.

» Excepté lorsque Paul était chez moi, je souffrais

sans cesse des doubles atteintes de l'épouvante et de l'ennui.

» Ce fut bien autre chose quand, dans les premiers jours de janvier 1848, Paul fut obligé, ainsi qu'il m'en avait prévenue, d'aller passer quelques semaines à Dijon auprès de son père.

» Je ne comprends guère que je ne sois pas tombée malade aussitôt après son départ.

» Il me semblait que tout me manquait à la fois, — et c'était exact.

» Paul était tout pour moi.

» Il n'a pas été mon premier amant, — ni le dernier non plus...

» Mais il a eu mon premier et mon seul amour, — aussi vrai que je m'appelle Jane et que je suis jolie !..

XXVI

POSTE RESTANTE

» Je ne sais pas si vous êtes de mon avis, — poursuit Jane, — mais, franchement, je trouve que je n'ai jamais eu beaucoup de chance...

» Tout a toujours tourné contre moi...

» On aurait dit que le diable se mêlait de mes affaires et s'arrangeait de façon à ce que je devinsse forcément ce que je suis, c'est-à-dire, entre nous, pas grand'chose de bon...

» Voyez plutôt :

» Jeune fille, je ne demandais qu'à rester tranquille, comme une pauvre innocente que j'étais...

» Le diable m'envoyait cette mauvaise coquine d'Angéline, qui me mettait dans la tête, bon gré, mal gré, que je devais aimer Varnier, et qui me jetait traîtreusement dans les bras du cabotin.

» Cette première sottise consommée, — et Dieu sais que j'en avais été assez amèrement punie pour ne point avoir envie de recommencer... — un mari se présentait...

» Et quel mari !... Bérard !...

» Je le détestais autant qu'on puisse détester un homme, et pourtant j'étais décidée à ne point le tromper, à rester ce qu'on appelle une honnête femme.

» Est-ce ma faute, à moi, si Bérard a fait en sorte que l'amour de Paul Lambert soit devenu ma seule ressource ?...

» Une fois la maîtresse de Paul, je n'étais ni plus ni moins, c'est vrai, qu'une femme entretenue, mais enfin j'aimais mon amant de toute mon âme, je ne lui aurais été infidèle ni pour un million, ni pour un empire, et je crois bien que je l'aurais aimé toujours...

» Le diable devait encore s'en mêler !...

» Ainsi que je vous l'ai dit tout à l'heure, Paul était parti pour Dijon dans les premiers jours de janvier 1848.

» Il m'avait promis de revenir, au plus tard, dans la première quinzaine du mois suivant.

» Vous pensez bien qu'après le départ de Paul, et sous le coup du redoublement de frayeur que m'inspirait la présence de mon mari à Paris, je m'enfermai plus que jamais chez moi et je ne mis pas les pieds dehors.

» Le 20 arriva.

» Tous les 20 j'allais rue Jean-Jacques-Rousseau, chercher, poste restante, une lettre de mon père.

» J'attendis la lettre de ce jour-là avec une prodigieuse impatience, car je pensais que, peut-être, elle me donnerait quelques nouveaux détails sur Bérard.

» Ma domestique fit avancer un coupé de régie et je dis au cocher :

» — A la grande poste... — entrez dans la cour...

» Il y avait beaucoup de monde groupé autour des guichets de la *poste restante*.

» Je m'approchai de celui où se distribuent les lettres adressées à des initiales, et, quand mon tour fut arrivé, je murmurai en m'adressant à l'employé :

» — Les lettres J. R., s'il vous plaît, monsieur...

» En même temps, au guichet voisin, une voix disait :

» — *Bérard* — *poste restante*, — voici mon passeport...

» Je me retournai vivement et tremblante.

» Ce n'était pas une fortuite ressemblance de nom... — je ne m'étais pas trompée en croyant reconnaître la voix !...

» Mon mari était là, debout, à deux pas de moi...

» Il me fut impossible de retenir un faible cri, et je m'accrochai au rebord du guichet pour ne pas tomber...

» Mon mari jeta les yeux sur moi...

» J'étais voilée et il ne pouvait voir mon visage.

» Cependant il parut surpris.

» — J. R., — arrivée ce matin, — timbrée de Dijon, vingt-cinq centimes, — dit en ce moment l'employé, en me tendant la lettre.

» Le mot de Dijon fit tressaillir Bérard, et je m'aperçus avec une horrible angoisse qu'il ne cessait plus de me regarder.

» Je payai et je me dirigeai vivement vers la porte.

» Bérard me suivit, sans attendre la lettre qu'il avait réclamée.

» Il me sembla que mes jambes ne pouvaient plus supporter le poids de mon corps...

» Mais je m'armai de courage et je ne m'arrêtai pas.

» La cour était pleine de monde.

» J'espérais que mon mari, dans le doute où il devait être, n'oserait pas me parler dans la crainte de provoquer un scandale public.

» Je me trompais..

» Bérard s'approcha de moi, et, me touchant l'épaule du bout du doigt, il me dit :

» — Pardon, madame, mais il me semble que j'ai le plaisir de vous connaître...

» — Non... monsieur... — balbutiai-je, sans savoir ce que je disais.

» — La voix aussi ! — s'écria Bérard, — je suis sûr de mon fait, à présent...

» Puis, se plaçant devant moi, les bras croisés, il poursuivit d'un ton ironique :

» — Madame veut-elle me faire l'honneur et le plaisir de lever son voile ?...

« — Non, monsieur... — répétai-je, — non, monsieur... je ne vous connais pas...

» — Ah ! madame refuse !... en ce cas, ce que madame ne veut pas faire, je le ferai pour elle...

» Et, joignant le geste aux paroles, Bérard releva, ou plutôt arracha brutalement mon voile.

» — Au secours !... — criai-je éperdue... — au secours !...

» — Te tairas-tu, malheureuse ! — dit Bérard d'une voix sourde, en me meurtrissant le poignet... — Ah ! je te retrouve !... et, maintenant que je te tiens, je ne te lâcherai plus !...

» Jamais de ma vie je ne pourrais vous faire comprendre tout ce qu'il y avait de menace et de haine dans le ton dont ces paroles furent prononcées.

» Un groupe s'était déjà formé autour de Bérard et autour de moi.

» Je balbutiai pour la deuxième fois, et d'une voix éteinte :

» — Au secours !...

» — Tais-toi !... tais-toi !... — cria Bérard en me secouant assez violemment pour me renverser à moitié.

16.

» Dans le groupe qui nous entourait, j'entendis un long murmure.

» A coup sûr on avait horreur de la brutalité de Bérard. — On avait pitié de moi.

» Ceci me ranima un peu.

» Je voulus parler, mais mes paroles s'éteignirent dans ma gorge, sans qu'il me fût possible de les prononcer.

« Un mouvement se fit parmi les spectateurs de cette scène, et un grand jeune homme, très-brun, avec de longues moustaches noires, et un ruban rouge à la boutonnière, s'avança jusqu'à Bérard.

» Ce jeune homme, je le reconnus à l'instant et il me reconnaissait aussi.

» C'était un des officiers du régiment en garnison à Dijon, et l'un des habitués du café du Cercle.

» Sans doute il avait été mis au courant par le bruit public de tout ce qu'on savait relativement à ma fuite et aux horribles violences qui l'avaient précédée.

» — Monsieur, — dit-il à mon mari, lentement et avec le plus grand calme, — savez-vous bien que l'homme qui porte la main sur une femme est un misérable !

» A la vue de ce nouvel adversaire qui me venait si résolûment en aide, Bérard pâlit.

» Cependant il essaya de faire bonne contenance et il répliqua d'un air insolent :

» — De quoi vous mêlez-vous, vous ?

» — Je me mêle d'empêcher une canaille de faire une lâcheté?... — répondit l'officier.

» La foule applaudit.

» — Lâchez madame ! — reprit mon défenseur,

» — Non ! non ! non !

» — Lâchez madame !...

» — C'est ma femme !... — hurla Bérard, — c'est ma femme — une drôlesse qui s'est sauvée de chez moi et que je retrouve... et que je ne lâcherai plus !

» Je rassemblai toutes mes forces et tout mon courage, et je murmurai :

» — Il ment... ce n'est pas mon mari... je ne connais pas cet homme... je ne sais ce qu'il veut.

» — Ah ! tu ne me connais pas !... — vociféra Bérard ! — ah ! tu ne sais pas ce que je te veux !... un agent de police !... où donc y a-t-il un agent de police, que je fasse arrêter cette coquine !

» Et, tout en parlant, Bérard me donnait d'affreuses secousses et me tordait les bras.

» L'officier appuya sa main sur l'épaule de mon mari.

» — Pour la troisième fois, — lui dit-il, — je vous répète de lâcher madame.

» Bérard recula sous la main du jeune homme.

» — Est-ce que vous êtes l'amant de ma femme?... — demanda-t-il en grinçant des dents... — Ah ! vous ne me faites pas peur et je ne la lâcherai pas !

» — Monsieur Bérard, — poursuivit l'officier en prenant mon mari au collet et en le maintenant malgré sa résistance, — tout à l'heure je vous ai dit que vous étiez un misérable et une canaille, — ceci aurait dû vous prouver que je savais à qui je parlais... — maintenant je vous dis que vous êtes un fripon en fuite après une banqueroute frauduleuse, — qu'il y a un mandat d'amener lancé contre vous par le procureur du roi de Dijon, et que, si vous ne vous tenez point tranquille à l'instant même, je vous fais arrêter par cet agent de police dont vous menaciez madame tout à l'heure...

» Puis, s'adressant à moi, l'officier ajouta :

» — Allez, madame, et soyez sans crainte, je vous réponds que ce drôle ne vous suivra pas...

» Je me sentais libre.

» Une immense huée s'élevait autour de Bérard confondu, dont le jeune homme ne lâchait point le collet.

» Je n'eus pas même la présence d'esprit d'adresser un remercîment à mon sauveur.

» Je m'élançai dans la voiture qui m'attendait, et le cocher, garçon intelligent qui avait été témoin de ce que je viens de raconter, partit aussitôt sans me demander où je voulais être conduite.

» J'étais à peine assise sur les coussins du coupé, que je perdis complétement connaissance.

» Quand je revins à moi, je me trouvais dans ma

chambre à coucher, sur mon lit, et déshabillée.

» Ma domestique me frottait les tempes avec de l'eau de Cologne et me faisait respirer des sels.

» Le cocher m'avait ramenée à la porte où il m'avait prise, — là, me voyant évanouie, il avait été prévenir le portier, et tous deux m'avaient montée jusque chez moi...

» Je cherchai autour de moi la lettre de mon père,
» Je ne la trouvai pas.

» Je l'avais perdue dans la cour de l'hôtel des Postes.

» Aussitôt que je fus un peu calmée j'écrivis à Paul Lambert, je lui racontai ce qui venait d'avoir lieu et je le suppliai de revenir sans retard.

XXVII

EN RÉPUBLIQUE

» Paul me répondit par le retour du courrier.

» Seulement sa lettre était loin d'être satisfaisante.

» Les affaires politiques, — me disait-il, — prenaient une tournure inquiétante et rendaient indispensable sa présence dans la maison de banque de son père.

» Il ne pouvait assigner à son retour une époque précise.

» Il était désolé de la scène odieuse de la rue Jean-Jacques-Rousseau, mais il y voyait une raison de sécurité pour l'avenir. En effet, il devenait très-probable que mon mari, craignant d'être arrêté et sachant que je connaissais le fond de sa position, n'oserait risquer un nouveau scandale dont les conséquences pourraient être plus graves pour lui que pour moi...

» Tel était le sens de la lettre de mon amant.

» Tout cela était vrai, sans doute, mais tout cela me rassurait médiocrement.

» Je ne savais pas ce que c'était que la politique, et je croyais voir, dans ce que Paul me disait à ce sujet, un prétexte inventé par lui pour me laisser seule en prolongeant son absence tout à son aise.

» Bref, l'unique résultat de cette lettre fut de changer mon chagrin en désespoir.

» Je passai plusieurs jours à pleurer sans cesse, et je vous assure que je songeai plus d'une fois à allumer un réchaud de charbon et à en finir.

» Un matin, — après une nuit sans sommeil, — je venais de m'endormir profondément.

» Ma domestique me réveilla en entrant dans ma chambre tout effarée.

» C'était le 24 février.

» Je me soulevai sur mon coude et je m'écriai avec épouvante :

» — Mon Dieu !... mon Dieu !... qu'y a-t-il ?...

» — Il y a, madame, que nous sommes perdus !... — me répondit cette fille.

» — Perdues !... et pourquoi ?

» — On se bat dans Paris, madame...

» — On se bat !... qui donc ?...

» — Tout le monde... les soldats... la garde nationale... les ouvriers... on se tue dans les rues... c'est un massacre général.

» — Mais c'est impossible... impossible!... vous devenez folle...

» — Vous ne me croyez pas, madame; eh bien! écoutez...

» La domestique courut à une fenêtre qu'elle ouvrit.

» Je sautai à bas de mon lit ; — je m'approchai de la fenêtre, et j'entendis distinctement une fusillade lointaine mêlée de grands cris et de coups de canon..

» Des groupes d'hommes passaient dans la rue avec des fusils.

» Toutes les boutiques étaient fermées.

» Il n'y avait pas à en douter... Annette n'était point folle... On se battait.

» Bref, le lendemain ou le surlendemain nous étions en république, ce qui, dans le premier moment, me fut bien égal...

» Je ne me doutais pas encore des inconvénients que cette forme de gouvernement pouvait entraîner pour moi.

» République ou monarchie, peu m'importait, pourvu que Paul Lambert revînt...

» Depuis son départ, il m'écrivait trois fois par semaine avec une grande régularité.

» Les huit jours qui suivirent le 24 février s'écoulèrent sans m'apporter de lettre, — quoique, moi-même, j'eusse écrit deux fois comme de coutume.

» Je commençais à être inquiète.

» Enfin une lettre arriva,

» Ce fut un coup de foudre.

» Englobée dans vingt faillites, la maison de banque de M. Lambert faisait faillite elle-même...

» Le père et le fils étaient ruinés.

» Il ne leur restait, pour faire face à ce désastre immense, que quelques propriétés à la Guadeloupe, dont il fallait réaliser sur-le-champ la valeur...

» Paul, — le soir même du jour où il m'écrivait, — partait pour aller s'embarquer à Marseille.

» Il m'envoyait un dernier billet de mille francs, — *l'obole du pauvre*, — selon son expression, et il me disait adieu pour plusieurs années, — c'est-à-dire un adieu sans fin...

» Vous comprenez, mes enfants, que si je voulais entrer ici dans le détail de mes peines de cœur, je n'aurais pas fini mon récit dans huit jours...

» Je vous dirai donc, purement et simplement, que je pleurai toutes les larmes de mes yeux, — que je me jurai deux ou trois cent mille fois de rester fidèle toute ma vie au souvenir de Paul, — d'attendre son retour, et, s'il ne revenait pas ou s'il ne m'aimait plus, de n'avoir jamais d'autre amant, — et, cela dit, je passe sans nul retard à d'autres exercices.

» Tant que Paul avait été riche, il me donnait l'argent sans compter, et je le dépensais de même...

» J'ignorais absolument l'économie.

» Avec ce qui me restait et les derniers mille francs, je pouvais me trouver à la tête de deux mille et quelques cents francs.

» Ceci ne me mena pas loin.

» Au bout de deux mois il ne me restait pas un sou.

» Or, avec mes beaux projets de vertu, vous conviendrez que ma position était assez embarrassante.

» Je me mis à réfléchir.

» J'étais sous le poids d'un loyer de dix-huit cents francs, et je comprenais à merveille qu'il m'était impossible de le conserver, puisque je n'avais même plus d'argent pour vivre.

» Le mont-de-piété n'offrait, en ce moment, qu'une ressource illusoire, car il ne prêtait pas plus de cent francs quelle que fût la valeur de l'objet qu'on mettait en gage.

» Il me fallut avoir recours aux marchandes à la toilette et aux brocanteurs.

» Je vendis, et Dieu sait à quel prix, mes châles des Indes, mes bijoux, une partie de mes meubles; — je donnai congé, — je payai un terme en avance, afin d'être la maîtresse de déménager quand je voudrais, et je me mis à chercher un petit appartement à bon marché.

» Les logement ne manquaient point, et, à cette époque, ils n'étaient pas chers.

» On n'avait véritablement que l'embarras du choix.

» Je nourrissais toujours l'arrière-pensée de me faire actrice, un jour ou l'autre, et de chercher une ressource dans mes appointements...

» Qu'est-ce que vous voulez ?... — j'étais encore assez jeune pour conserver ces bêtes d'illusions-là.

» En conséquence je cherchai à me loger dans les environs des théâtres, et je trouvai ce qui me convenait, boulevard du Temple, presqu'en face le Cirque et et les Folies-Dramatiques.

» C'était un joli petit appartement au cinquième, avec terrasse, et qui ne coûtait que cinq cents francs.

» Je donnai le denier à Dieu, j'emménageai sur-le-champ.

» J'avais conservé ma domestique. — Nous vivotâmes pendant un certain temps avec ce qui me restait de la vente de mes châles et de la moitié de mon mobilier.

» Certainement je ne me consolais pas du départ de Paul, mais je commençais à m'ennuyer d'une si horrible façon que je sentais bien que si je continuais à vivre dans la solitude la plus absolue je mourrais à petit feu.

» Je résolus d'avoir quelques amies.

» Cela m'était facile.

» Quand je demeurais rue de Provence, une très-jolie femme, qui habitait dans la même maison, m'avait fait toutes sortes d'avances pour se lier avec moi; — mais dans ce temps là Paul suffisait à remplir ma vie, et j'avais très-poliment éconduit cette jeune femme qui s'appelait Mathilde.

» J'allai la voir.

« C'était une bonne personne, et, quoiqu'elle dût m'en vouloir un peu de ma froideur d'autrefois, elle me reçut à bras ouverts et je devins son amie intime.

» Elle avait de la chance, cette Mathilde !...

» Son amant, — un gros capitaliste qu'elle ne pouvait pas souffrir, — avait précisément réalisé ses rentes sur l'État et ses actions de chemin de fer, quelques jours avant le 24 février.

» La révolution qui ruinait tant de gens ne lui faisait pas perdre un sou, et il continuait à protéger Mathilde sur le même pied que si la république n'eût pas existé.

» Oh! oui, elle avait de la chance!...

» Elle recevait pas mal de monde; — elle donnait de petites soirées toutes les semaines, enfin on s'amusait chez elle...

» Vous devez penser que presque tous les hommes me faisaient la cour. Il y en avait un, surtout, qui était, ou du moins qui se disait passionnément amoureux de moi.

» C'était un grand et beau garçon nommé Philippe Aubry, et que chez Mathilde on appelait en riant *le socialiste*, parce que, quoiqu'il eût une assez jolie fortune, il ne jurait que par M. Proudhon et par la queue de Considérant.

» Il parlait sans cesse de manger tout crus les réactionnaires et les modérés, et ça ne l'empêchait pas d'être très-élégant, de porter des gants paille toujours frais, et d'avoir l'air doux comme un mouton...

» Bref, socialiste ou non, il avait la tête tournée de moi...

XXVIII

UNE NUIT DE JUIN

» Cependant, — poursuivit Jane, — cependant le temps s'écoulait et le mois de juin arriva...

» Je continuais à me tenir religieusement ma promesse d'être fidèle à Paul Lambert absent, quoique, sans nul doute, il me fît de son côté d'assez jolis *traits* avec les créoles de toutes les couleurs...

» J'achevais de vivre aux dépens des miettes de mon ancienne opulence.

» J'allais régulièrement à toutes les petites soirées de Mathilde, — sans compter les visites que je lui faisais presque tous les jours...

» Philippe Aubry, — autrement dit le *socialiste*, — se déclarait plus que jamais mon adorateur passionné ; — dans ses transports il m'appelait *sa petite république chérie*, et il m'offrait la tête du général

Changarnier, pour la faire monter en bague ou en épingle...

» Tout cela ne me touchait pas beaucoup, et je vous assure que Philippe Aubry ne faisait aucun progrès dans mon cœur.

» Bref, je vous répète que le mois de juin était arrivé, et même la fin de ce mois approchait.

» J'avais passé la soirée chez Mathilde ; — il était onze heures et quart à peu près, — tout le monde venait de partir ; — je me trouvais seule avec mon amie et je mettais mon chapeau, tandis que sa femme de chambre était allée me chercher une voiture.

» — Parlons raison, — me dit Mathilde tout à coup.

» Je la regardai avec surprise.

» — Parler raison ! — répétai-je, — et à quel propos ?

» — A propos des sottises que tu fais en ce moment...

» — Je fais des sottises, moi ?

» — Oui, toi.

» — Et lesquelles ?

» — Voyons, petite Jane, tu m'as dit toi-même que tu n'avais presque plus d'argent.

» — C'est vrai ; mais je n'ai pas de dettes.

» — Ta ! ta ! ta ! les dettes arriveront, si toutefois, ce qui n'est pas sûr, tu trouves assez de crédit pour pouvoir en faire...

» — Eh bien ! — murmurais-je, — il me semble, après tout, que ce n'est pas ma faute si je suis pauvre.

» — Il te semble mal, et tu te trompes complétement...

» — En quoi donc ?

» — En ceci que tu repousses une excellente occasion qui s'offre à toi.

» — Je ne sais pas de quoi tu veux parler.

» — Je veux parler de Philippe Aubry.

» — Le socialiste !... mais je ne l'aime pas !...

» — Qu'est-ce que ça fait ? on n'a pas besoin d'aimer son protecteur... — D'ailleurs, il n'a rien de désagréable, ce garçon-là, au contraire...

» — Tu sais bien que j'ai un autre amour dans le cœur...

» — Pour M. Paul ?... ah ! la bonne folie !... — Eh bien ! ma fille, garde ton amour à Paul, mais prends Philippe, — je n'y vois aucun obstacle.

» — Tu plaisantes toujours !

» — Je ne plaisante pas le moins du monde ; — Je t'assure que, par ce temps de république, en trouvant Philippe tu as trouvé la pie au nid ; — c'est un brave garçon, qui est amoureux de toi comme un fou... amoureux au point qu'il en dépérit depuis trois mois... — Oh ! ce n'est pas un caprice, c'est une passion, — une bonne et belle passion, et je m'y connais !... — Philippe a la tête exaltée, mais ce n'est pas un mal... — tu le mèneras comme tu voudras... — il a vingt-cinq mille livres de rentes et des goûts très-simples...— sa toilette est sa seule dépense...rien ne lui sera plus facile que de te donner mille francs par mois. — Dans ce moment-ci, et pour toi qui n'as pas de dettes, c'est énorme... cela te fait une position tranquille, assurée... — il est impossible, — complétement impossible de trouver mieux...

» Je baissai la tête, — les raisons de Mathilde me paraissaient excellentes...

» Seulement je me répétais toujours la même bêtise, — c'est-à-dire que je n'aimais pas Philippe.

» Il y avait de quoi me rire au nez pendant un an et un jour.

» — Voyons, — me demanda Mathilde, — te décides-tu?

» — Laisse-moi réfléchir, ma chère.

» — A quoi bon? c'est à prendre ou à laisser; — d'ailleurs je te donne ma parole d'honneur que tu ne peux pas faire autrement que d'accepter...

» — Ah! par exemple...

» — Oui, — poursuivit vivement Mathilde, — car enfin, dans quelques jours, dans quelques semaines si tu veux, comment vivras-tu?

» — Je vendrai le reste de mon mobilier.

» — Ah! la bonne idée!... et quand tu n'auras plus de meubles, où logeras-tu?... à la belle étoile, n'est-ce pas? je te préviens que c'est horriblement malsain, ma chère...

17.

» — Eh bien je me mettrai au théâtre...

» — Laisse-moi donc tranquille avec ton théâtre... — Ah! si tu me disais que tu veux monter sur les planches pour te poser, pour te mettre en vue et pour gagner de l'argent d'une autre manière, je te répondrais : *C'est bon*, et tu aurais raison peut-être... — mais puisque ce n'est pas là ton idée, te faire actrice au point de vue des appointements n'a pas le sens commun... tu ne trouveras aucun directeur qui te donne ni cent francs, ni vingt francs, ni cinq francs par mois... — ceci est positif, puisqu'à l'heure qu'il est on ne paye pas même les actrices en réputation...

» Je ne répondis rien.

» Mathilde poursuivit :

» — Une fois, — deux fois, — trois fois, — deviens-tu raisonnable et prends-tu Philippe ?

» Après un moment de silence et d'hésitation, je répondis brusquement :

» — Eh bien, oui!... — puisqu'il m'est impossible de faire autrement...

» Mathilde me sauta au cou.

» — A la bonne heure ! — s'écria-t-elle, — au moins tu fais preuve de bon sens!... — Dieu, va-t-il être content demain matin, ce pauvre garçon, quand il saura que tu es décidée à *faire son bonheur*...

» — Mais qui le lui dira?

» — Moi donc... — je m'en réjouis d'avance... —

je te réponds que quand tu seras la propriété de ce socialiste-là, il ne criera plus : *La propriété c'est le vol!*

» Je me mis à rire.

» Cependant je n'avais pas le cœur bien gai, je vous assure.

» La femme de chambre qui, ainsi que je vous l'ai dit, était sortie pour aller me chercher une voiture et même était restée très-longtemps absente, revint en ce moment.

» — Eh bien! — lui demanda Mathilde, — as-tu un coupé?

» — Non, madame, — ni coupé, — ni fiacre, — ni citadine, — rien, — rien, — rien, — pour tout l'or du monde on ne trouverait pas de voiture ce soir!

» — Ah bah! et pourquoi donc ça?

» — Il paraît qu'il y a beaucoup de bruit sur les boulevards, du côté de la porte Saint-Martin ; — il passe de la troupe à cheval toutes les cinq minutes, et la circulation des voitures est interrompue depuis plus d'une heure... Tout le monde dit que l'on va se battre encore...

» — Se battre! — m'écriai-je, — est-ce qu'il va y avoir une autre révolution?...

» — Oui, madame, — répondit la femme de chambre.

» — Mais, puisqu'on a la république...

» — Maintenant on veut autre chose.

» — Qui est-ce qui veut autre chose?

» — Les socialistes, à ce qu'on prétend...

» Je me tournai vers Mathilde.

» — Philippe ne nous a parlé de rien, ce soir : — il est socialiste, cependant.

» — Oui, à l'eau de rose, — répondit mon amie en souriant ; — je ne crois pas qu'il jouisse d'une grande popularité dans son prétendu parti...

» Une explosion de cris et de chants coupèrent la parole à Mathilde.

» Nous courûmes aux fenêtres qui étaient ouvertes.

» Deux ou trois cents hommes passaient dans la rue, en secouant des drapeaux et en chantant, sur cet air que vous savez :

> Les peuples sont pour nous des frères,
> Des frères,
> Des frères,
> Et les tyrans des ennemis...

» Une masse compacte de gamins suivaient cette bande en criant à tue-tête :

» — *Des lampions ! — des lampions ! — des lampions ! —*

» C'était un vacarme assourdissant.

» — Ce que je vois de plus clair là dedans, — me dit Mathilde quand tout ce monde eut passé, — c'est que tu ne peux pas retourner ce soir à ton boulevard du Temple.

» — Tu crois?

» — J'en suis sûre; — ce serait plus que de l'imprudence, — ce serait de la folie...

» — Mais, que veux-tu donc que je fasse?...

» — Tu vas rester ici.

» — Je te gênerai.

» — En aucune façon.

» — Bien vrai?

» — Il n'y a rien au monde de plus vrai... — je t'offre la moitié de mon lit...

» — Mais, M. Lorin?...

» M. Lorin était le protecteur de Mathilde.

» — Ce capitaliste obèse et fastidieux ne vient pas tous les soirs, grâce au ciel, — me répondit mon amie; — aujourd'hui je suis libre...

» Je n'avais pas d'autre parti à prendre que d'accepter l'offre de Mathilde.

» C'est ce que je fis.

» Nous bavardâmes encore pendant près d'une heure, puis nous nous mîmes au lit, et je dormis sans m'éveiller jusqu'au matin...

XXIX

LA BARRICADE DU CHATEAU-D'EAU

» Le lendemain matin Mathilde me garda jusqu'après déjeuner.

» Tandis que nous étions à table, elle envoya sa femme de chambre aux informations.

» Celle-ci revint nous dire que la circulation des voitures était toujours interdite, — qu'il y avait des barricades, — que la troupe de ligne, la garde nationale et la garde mobile occupaient les boulevards d'un côté, et les insurgés de l'autre, mais qu'on laissait passer les gens qui retournaient chez eux.

» Mathilde aurait voulu me décider à rester chez elle jusqu'à ce que Paris fût complétement tranquille.

» Mais cela aurait pu me mener trop loin et je tenais à rentrer chez moi.

» Mathilde, voyant que j'étais parfaitement décidée à partir, n'insista pas.

» — Quand reviendras-tu me voir ? — me demanda-t-elle au moment où j'allais sortir.

» — Le plus tôt possible...

» — Demain ?

» — Oui, demain.

» — A quelle heure ?

» — Dans l'après-midi, — vers deux heures, — si cela ne te dérange pas de m'attendre...

» — Pas le moins du monde... — Veux-tu que je fasse prévenir Philippe ?...

» — De la visite que je dois te faire ?

» — Oui ; — il viendra ici en même temps que toi, et il apprendra son bonheur...

» Je réfléchis pendant un instant, puis je répondis :

» — Fais comme tu voudras...

» — Écoute, — reprit Mathilde. — Philippe demeure boulevard Saint-Martin près du Château-d'Eau, à cent pas de chez toi...

» — Je le sais...

» — Eh bien, je vais lui écrire un billet de trois lignes, et, dans la journée, tu feras remettre ce billet chez son portier par ta domestique.

» — Parfaitement.

» Mathilde écrivit quelques mots, qu'elle mit sous enveloppe et qu'elle me donna.

» Nous nous embrassâmes et je partis.

» Je ne vais pas m'amuser, comme bien vous pensez, à vous décrire l'aspect des boulevards de Paris pendant la première des journées de juin 1848.

» Vous les avez vus, ces boulevards, ou, si vous ne les avez pas vus, tout ce que je pourrais vous en dire ne vous en donnerait pas le moins du monde une idée.

» Jusqu'à la porte Saint-Martin, et même un peu plus loin, le boulevard appartenait à la ligne et à la garde nationale.

» Tous les cinquante pas, les factionnaires m'arrêtaient.

» Ils me demandaient où j'allais.

» Je répondais que je rentrais chez moi, — je donnais mon adresse, et on me laissait passer.

» De l'autre côté de l'Ambigu, l'émeute était sur son terrain.

» Un grand espace vide s'étendait entre la dernière ligne des troupes régulières et une haute barricade qui s'élevait à la hauteur du Château-d'Eau.

» Tout, dans ce moment, semblait d'ailleurs parfaitement tranquille.

» On n'entendait pas un chant, — pas un cri, — pas un mot.

» Paris était silencieux comme il doit l'être, la nuit, à trois heures du matin.

» Je ne mettais point en doute qu'on me laissât passer, sans la moindre difficulté, de l'autre côté de la barricade.

» Je hâtais le pas, car j'avais hâte de me retrouver chez moi, et je comprenais à merveille que ce calme menteur ne pouvait pas être de bien longue durée.

» J'avais franchi les trois quarts de la distance qui me séparait de la barricade du Château-d'Eau ; — tout au plus me restait-il à faire cinquante ou soixante pas pour l'atteindre...

» Mais tout à coup, dans le lointain, du côté du faubourg Saint-Jacques et du Panthéon, retentit une détonation pareille à celle de vingt pièces de canon tirant à la fois, et, à cette détonation, succéda une fusillade enragée.

» En même temps j'entendis derrière moi comme une rumeur confuse, — un tapage inouï de fers de chevaux, — de roues broyant le pavé, — et de chaînes secouées.

» Je me retournai.

» Les troupes à pied s'écartaient à droite et à gauche et laissaient libre le milieu de la chaussée.

» Des artilleurs s'avançaient au grand galop de leurs chevaux, qui traînaient après eux des canons et des caissons.

» Une clameur immense s'éleva de derrière la barricade, muette jusque-là, et sur le sommet de laquelle flotta soudain un grand drapeau rouge.

» Je vis des canons de fusil briller au soleil entre les pavés amoncelés, un nuage de fumée s'éleva et une douzaine de balles sifflèrent autour de moi.

» Je compris alors dans quelle situation je venais de me placer.

» Cette situation était claire...

» J'étais perdue, complétement perdue !

» D'un côté, l'artillerie, — de l'autre, le feu de la barricade : — je n'avais plus trois minutes à vivre.

» Je me mis à courir, en joignant les mains, en poussants des cris suppliants...

» Mais personne ne faisait attention à moi, — personne n'entendait mes appels plaintifs. — A ce silence, dont je vous parlais tout à l'heure, avait succédé un fracas étourdissant et continu.

» Tout à coup je fus enveloppée dans un nuage de fumée épaisse, accompagnée d'un bruit tel que je n'en avais jamais entendu...

» Il me sembla que mon crâne éclatait en mille morceaux et que j'allais devenir sourde...

» Deux pièces de canon venaient, à cent pas de moi, de se mettre en batterie et commençaient à foudroyer la barricade.

» Je tombai à genoux, comme si les boulets m'avaient renversée, et je fus tellement anéantie, tellement paralysée par l'épouvante et le désespoir, que je n'eus pas la force de me relever.

» J'allais infailliblement périr, car au feu des canons répondit à l'instant le feu de la barricade.

» Tout autour de moi les balles faisaient voler en poussière l'asphalte des trottoirs ; — l'une d'elles déchira ma robe — une autre troua mon chapeau, à quelques lignes de ma tête...

» Je ne suis pas une bien fervente chrétienne, — malheureusement, — et pourtant je me souviens qu'à cette heure suprême je recommandai mon âme au bon Dieu, car je n'espérais plus rien...

» Mais je ne devais pas encore mourir.

» La porte de la maison en face de laquelle je me trouvais s'ouvrit brusquement.

» Un jeune homme en sortit, — s'élança jusqu'à moi, à travers la fusillade qui passa tout autour de lui sans l'atteindre, et, me prenant dans ses bras, m'emporta comme il aurait fait d'un enfant, jusqu'à la maison dont la porte se referma derrière nous.

» — Dieu soit béni ! — s'écria-t-il alors ; — vous voici hors de danger, chère Jane, et c'est moi qui vous ai sauvée !...

» Quand j'entendis qu'il n'y avait plus de péril, ma présence d'esprit me revint ; — je levai les yeux sur mon sauveur, — sur ce jeune homme qui me connaissait puisqu'il venait de prononcer mon nom...

» A ma grande surprise, je reconnus Philippe Aubry.

» Je dis : *à ma grande surprise*, — et rien n'était moins extraordinaire cependant que ce qui venait d'arriver, puisque le hasard m'avait amenée tout juste en face des fenêtres de mon adorateur.

» A travers ses persiennes fermées, il avait tout vu, et sans calculer le danger il s'était précipité à mon secours.

» Je ne pus m'empêcher de sourire, en songeant à la lettre de Mathilde que j'avais dans ma poche, — lettre écrite, vous savez dans quel but, et adressée précisément à celui qui venait de me sauver la vie...

» La situation ne manquait pas d'originalité.

» Nous étions au bas de l'escalier.

» Le portier et sa famille, abrutis par l'épouvante, et quelques locataires à demi morts de frayeur, nous entouraient.

» — Chère Jane, — me demanda Philippe, — comment vous trouvez-vous maintenant ?

» — Très-bien, — répondis-je ; — seulement j'ai eu grand'peur, et je dois être un peu pâle... Songez donc... tant de canons et de fusils contre moi...

» — Ah ! — s'écrièrent d'une commune voix le portier, sa famille et les locataires, — c'est un fier miracle, par exemple, que vous soyez encore en vie !

» — Grâce au courage de M. Philippe... — répliquai-je, — car, sans lui, le miracle ne se serait pas fait...

» Le chœur, composé comme ci-dessus, se mit alors à entonner les louanges de mon sauveur.

» Le jeune homme avait hâte d'échapper aux témoignages de l'enthousiasme qu'il excitait.

» — Vous sentez-vous assez forte pour monter? — me demanda-t-il; — ou voulez-vous que je vous porte jusque chez moi?...

» — Ma force est revenue et je monterai bien toute seule...

» — Appuyez-vous au moins sur mon bras...

» Je pris le bras de Philippe, auquel je me cramponnai fortement ; car, bien que je me fusse vantée d'être forte, mes jambes se dérobaient encore sous moi, et nous grimpâmes ainsi jusqu'au quatrième étage où demeurait M. Aubry.

» Il me conduisit dans sa chambre à coucher dont les fenêtres donnaient sur le boulevard.

» A peine y voyait-on clair, car les persiennes étaient hermétiquement fermées.

» — Je vais vous préparer un verre d'eau sucrée avec quelques gouttes de rhum, — me dit Philippe, — cela vous remettra tout de suite...

» Et il sortit de la chambre.

» Pendant son absence je m'approchai de la fenêtre et je collai mon visage contre les persiennes, afin de voir ce qui se passait sur le boulevard.

» C'était effrayant, je vous jure !...

» De l'endroit où je me trouvais on dominait absolument la barricade, et le regard plongeait de l'autre côté sur une masse compacte de gens en blouse et en redingote, armés, les uns de fusils, les autres de pistolets, et au milieu desquels se trouvaient quelques femmes agitant de petits drapeaux rouges.

» Une troupe de ces hommes couronnait la barricade, et, quand l'un d'eux tombait, un autre le remplaçait aussitôt en se faisant place sur son cadavre ensanglanté.

» Par moment le canon tonnait et cinquante coups de fusil partaient à la fois.

» Alors le boulevard, la barricade, les artilleurs, tout disparaissait pour moi dans la fumée, comme cela arrive au Cirque dans les pièces militaires du temps de l'empire, lors d'une décharge générale.

» Je ne voyais plus rien qu'un nuage blanchâtre, que trouaient de seconde en seconde les pâles éclairs des coups de feu.

» Puis la fumée se dissipait par petits tourbillons qui s'accrochaient aux arbres du boulevard, aux toits des maisons, s'envolaient et finissaient par disparaître.

» A travers ces éclaircies, mon regard plongeait de nouveau sur le champ de bataille, et chaque fois le tas de cadavres était augmenté d'un côté comme de l'autre ; chaque fois il y avait plus de sang sur les pavés de la barricade, sur la poussière du boulevard.

» Cependant le feu des canons se ralentissait et ne

répondait plus que mollement à la fusillade des insurgés.

» Voici pourquoi :

» Cinq ou six des meilleurs tireurs républicains s'étaient embusqués derrière les omnibus renversés qui formaient une partie de la barricade, et de là, parfaitement à l'abri et à leur aise pour viser, ils attendaient que les artilleurs s'approchassent de leurs pièces, la mèche à la main, et, faisant feu tous à la fois, ils les abattaient l'un après l'autre sur l'affût des canons. Les pauvres diables de soldats tombaient comme des capucins de cartes...

XXX

UN VEUVAGE

» Je contemplais avec une curiosité pleine d'horreur cet affreux spectacle, quand Philippe rentra.

» Il m'apportait ce mélange d'eau sucrée et de rhum, qu'il était allé préparer dans une autre pièce ; — j'en avalai quelques gorgées et je me sentis un peu ranimée.

» Philippe était plus pâle que moi, à la pensée du danger terrible que j'avais couru.

» — D'où veniez-vous donc à cette heure?... — me demanda-t-il d'une voix tremblante d'émotion et dans laquelle se devinait un accent jaloux.

» Philippe, en effet, amoureux de moi comme il l'était, ne devait pas comprendre où j'avais passé la nuit.

» Je lui expliquai ce qui m'était advenu la veille au

soir, et comment Mathilde n'avait point voulu consentir à me laisser retourner chez moi.

» Ces détails, dont il ne pouvait mettre en doute la véracité, le rassurèrent complétement.

» Je le questionnai à mon tour.

» — Je vous croyais républicain et socialiste... — lui dis-je.

» — Et vous aviez raison de le croire...

» — Comment se fait-il, alors, que vous ne soyez pas en train de vous battre ?...

» — Au moment où je vous ai aperçue, j'allais sortir pour aller rejoindre mes amis politiques de l'autre côté des barricades... en voici la preuve...

» En même temps il me montrait un fusil de chasse, tout chargé, qu'il avait posé sur un divan.

» Puis il reprit :

» — Le hasard, ma bonne étoile, ou plutôt la Providence, ont permis que je tardasse de quelques minutes à quitter ma maison... et je bénirai ce retard toute ma vie, puisque, grâce à lui, je me trouvais là pour vous sauver...

» En parlant ainsi, Philippe m'avait conduite auprès du divan, sur lequel il me fit asseoir.

» Lui-même s'assit à côté de moi, me prit les mains et se mit à me parler d'amour.

» Quoique touchée profondément du dévouement qu'il venait de me montrer, je n'écoutais guère, je vous assure, ses paroles passionnées.

18

» Je n'avais d'oreilles que pour ces détonations qui se succédaient sans relâche et pour les cris d'agonie des blessés et des mourants. — Je ne crois pas que jamais, à aucune femme, on ait parlé d'amour avec un accompagnement plus sinistre...

» Tout à coup la fusillade cessa comme par enchantement et, pendant quelques secondes, il se fit sur le boulevard un profond silence.

» Philippe et moi nous courûmes à la fenêtre.

» Les artilleurs venaient de faire reculer leurs pièces hors de la portée des balles.

» Les insurgés profitaient de cette trêve pour relever leurs morts, — et ces morts étaient nombreux.

» On sentait bien que ce calme n'aurait que la durée d'un éclair. En effet, trois minutes ne s'étaient pas encore écoulées quand nous entendîmes, du côté de l'Ambigu, des tambours qui battaient une charge enragée...

» En même temps un bataillon s'avançait au pas de course, occupant toute la largeur du boulevard.

» C'était la garde mobile qui venait enlever la barricade à la baïonnette.

» Les insurgés laissèrent arriver les gardes mobiles à une distance de cinquante pas et, là, ils les accueillirent par un feu terrible.

» Le premier rang, presque entier, tomba...

» Ceux qui venaient après, — et parmi eux il y avait presque des enfants, de véritables gamins, —

passèrent sur les corps de leurs camarades et continuèrent leur mouvement.

» Une seconde décharge troua leurs rangs sans les faire reculer.

» Quelques-uns arrivèrent jusqu'à la barricade et la gravirent...

» Mais, avant d'en atteindre le sommet, ils retombèrent, tués à bout portant.

» Ce n'était pas un combat, c'était une boucherie.

» Les officiers crièrent : — *Halte!* afin de reformer leur troupe en bataille.

» Les gardes mobiles s'arrêtèrent et attendirent, immobiles et impassibles, sous la grêle de balles qui ruisselait sur eux et les décimait.

» Je n'avais pas d'opinions politiques, moi, et cependant, je ne sais pourquoi, au fond de mon âme j'aurais voulu les voir vainqueurs...

» Tout à coup je poussai un cri et je sentis le cœur me manquer.

» — Qu'avez-vous donc? — me demanda vivement Philippe.

» Je ne répondis pas.

» Dans les rangs de la garde mobile je venais de voir un homme qu'il me semblait reconnaître pour mon mari.

» Mais n'était-ce pas une erreur?

» Bérard, — l'homme assez lâche pour maltraiter

une femme, — pouvait-il se trouver au milieu de ces héroïques volontaires ?...

» Je regardai de nouveau, et toute mon âme était concentrée dans mon regard.

» Non, — je ne me trompais point.

» C'était bien mon mari !... — si invraisemblable que fût ce fait, il m'était impossible de douter...

» Alors je devins folle...

» Je pris en haine cette garde mobile que j'admirais un instant auparavant, et pour laquelle je formais des vœux, — j'aurais voulu pouvoir l'anéantir tout entière... — j'aurais voulu crier aux insurgés :

» — Tirez !... mais tirez donc ! et que pas un ne se relève !

» Je saisis la main de Philippe et je lui dis, avec une expression si étrange que je vis l'étonnement se peindre sur son visage :

» — Enfin, vous êtes républicain, n'est-ce pas ?

» — Oui, certes !...

» — Alors ces hommes... ces soldats... sont vos ennemis ?

» — Sans doute, puisqu'ils se battent contre la république que je veux défendre...

» — Si je n'étais pas auprès de vous, vous seriez, à l'heure qu'il est, de l'autre côté de cette barricade ?

» — J'espère que vous n'en doutez point.

» — Vous tireriez sur la garde mobile ?

» — Et j'ajusterais bien, je vous jure !...

» — Prenez votre fusil ! — m'écriai-je.
» Philippe obéit machinalement.
» Je poursuivis :
» — M'aimez-vous ?
» Philippe me crut folle et me regarda avec stupeur.
» — M'aimez-vous ? — répétai-je en frappant du pied.
» — Plus que ma vie...
» Je n'avais pas lâché la main de Philippe.
» Je le conduisis auprès de l'une des persiennes et je lui dis : — Regardez sur le boulevard.
» — De quel côté ?
» — Du côté de la garde mobile.
» — M'y voici...
» — Comptez les rangs...
» — C'est fait.
» — Arrêtez-vous au quatrième.
» — J'y suis.
» — Voyez-vous le troisième homme de ce quatrième rang ?
» — Oui.
» — Décrivez-le-moi.
» — Il est pâle et brun, — il a de longues moustaches noires ; — il tient son fusil de la main gauche et soulève son képi de la main droite... Est-ce bien celui-là ?
» — C'est celui-là.

» — Et maintenant, que faut-il faire ?

» — Il faut mettre cet homme en joue, — le bien viser, — l'abattre, — et je serai à vous...

» Philippe prit un air effaré et murmura :

» — Tuer cet homme...

» — Avez-vous peur ?

» — Peur ?... oh ! non !... mais vous le haïssez donc bien ?

» — Je le hais de toute mon âme !

» — Il a été votre amant... — peut-être ?

» — Il n'a pas été mon amant... — Il est mon mari et il veut me vendre...

» Philippe fronça les sourcils et souleva son fusil.

» Cependant il hésitait...

» — Qu'attendez-vous donc ? — lui criai-je.

» — Tuer ainsi... — balbutia-t-il, — tirer en me cachant... n'est-ce pas un assassinat ?

» — Ah ! je vois bien que vous avez peur.

» Je mis la main sur l'arme de Philippe, et j'ajoutai :

» — Donnez-moi donc votre fusil, je le tuerai moi-même...

» — Non, — répondit le jeune homme, — non ; — vous le voulez, ce sera fait ; — seulement, j'aurais mieux aimé me trouver en face de lui et recevoir coup pour coup...

» — Mais hâtez-vous donc ! — murmurai-je, — tout à l'heure il ne sera plus temps !...

» Philippe détacha le crochet de la persienne et se ménagea une étroite ouverture, afin de pouvoir passer le bout de son arme.

» Je courus à l'autre fenêtre.

» — Attendez, — lui dis-je en collant mon visage aux lames de la persienne, — je veux le voir tomber.

» Elle fut longue la seconde qui suivit ce moment!...

» L'officier de la garde mobile donnait un ordre.

» Il se fit un mouvement dans la troupe.

» Soudain une détonation retentit à côté de moi...

» Bérard lâcha son fusil, — étendit les bras, — tourna deux fois sur lui-même, et s'abattit de toute sa hauteur...

» J'étais veuve. »

. . . .
. . . .
. . . .

Jane s'arrêta,

Pendant quelques instants, pas une parole ne fut échangée entre les convives du souper de l'actrice.

Claudia, — Vignette, — Georges lui-même étaient pâles.

La jolie danseuse, seule, souriait.

Le journaliste fut le premier à rompre le silence.

— Peste! — dit-il avec un sourire un peu contraint. — quelle gaillarde que cette petite Jane!... et qui croirait cela à la voir si rose et si candide?... — Sais-tu, ma chère, qu'en ce moment tu me fais l'effet de ressembler comme deux gouttes d'eau à la *Nonne sanglante* de ce bon M. Lewis... — Franchement, est-ce que tu ne viens pas de nous faire un peu de roman ?...

— Ma foi, non ; — j'ai dit la vérité la plus vraie.

— Ainsi, tu as fait tirer sur ton mari, comme on tire sur un canard à la fête de Bougival ou à celle du Bas-Meudon.

— Très-bien.

— Diable !...

— Est-ce qu'il ne le méritait pas ?

— Si... si... il le méritait, sans aucun doute... mais...

— Mais quoi ?...

— Ça n'empêche pas que je trouve le procédé un peu raide... pour une jolie femme...

— Songe donc qu'il aurait été tué, cinq minutes plus tard, par une balle quelconque, venue on ne sait d'où...

— Tu crois cela ?

— Oui, je le crois.

— Eh bien, il fallait laisser venir cette balle quelconque... qu'est-ce que ça te faisait d'être veuve un quart d'heure plus tôt ou un quart d'heure plus tard ?

— Sans doute ; — seulement, si je n'avais pas vu tomber Bérard devant moi, je n'aurais pas été assez sûre de mon affaire.

— C'est une raison, cela, — bon petit cœur !... — Et tu n'as point, par-ci par-là, de temps en temps, un peu de remords ?...

— Et pourquoi donc en aurais-je ?

— Dame...

— Eh bien ! non, mon cher, ma conscience est parfaitement tranquille...

— Cela prouve en sa faveur ; — ta conscience ressemble à ces estomacs robustes qui digèrent, à minuit et demi, quatre ou cinq portions de galette du Gymnase, et s'endorment ensuite d'un calme sommeil...

— Mais, mon cher, si j'ai bonne mémoire, tu t'es battu en duel, toi qui parles...

— Quelquefois...

— Tes adversaires n'avaient point, à ton égard, les mêmes torts que mon mari avait vis-à-vis de moi...

— C'est exact ; — le plus souvent même, c'est moi qui n'avais pas raison...

— Tu as tué cependant...

— Oui, par malheur.

— As-tu des remords ?

— Non ?

— Tu vois.

— C'est bien différent !...

— En quoi ?

— Je me battais, — il y avait une épée contre a

mienne, — le péril était le même pour les deux adversaires... enfin, comme te le disait ce M. Philippe Aubry, on pouvait me rendre coup pour coup... — c'est pour cela que je n'ai pas de remords.

— Ma foi, mon cher, dis tout ce que tu voudras pour me prouver que j'ai eu tort... — je te préviens que ce seront des paroles perdues... — je maintiens que j'étais parfaitement dans mon droit.

— A ton point de vue, soit.

— Mon point de vue est le bon.

— Je n'y mets pas d'obstacles ; — d'ailleurs ton mari fut un gueux, ce qui me console de son trépas prématuré ; — et puis, rien ne me force à t'épouser en secondes noces, je n'ai donc point à craindre que tu emploies à mon égard le même procédé expéditif pour te procurer un deuxième veuvage...

— Oh ! — répondit Jane sérieusement, — je t'assure que mon projet n'est pas de me marier, ni avec toi, ni avec un autre...

— A merveille, — dit Georges en riant ; — et, maintenant que nous avons payé un juste tribut de regrets à la mémoire de ton infortuné mari, achève ton récit, ma mignonne danseuse, et raconte-nous de quelle façon tu *couronnas la flamme* de M. Philippe, le *meurtrier par amour,* comme eût dit en un mélodrame feu Guilbert de Pixérecourt, et en quelle monnaie charmante tu payas le prix du sang...

XXXI

UN DEMI-DÉNOUMENT

— Hélas! — répondit Jane avec un gros soupir, — je ne payai rien du tout, en aucune espèce de monnaie...

— Comment? comment? — s'écria Georges, — qu'est-ce à dire?... — aurais-tu, par hasard, joué à ta façon le dénoûment de l'*Andromaque* de Racine ou celui du *Charles VII* de Dumas?... — aurais-tu fait une faillite amoureuse à ton malheureux vengeur?...

— Ah! le pauvre garçon!... le pauvre garçon!... — murmura Jane avec un nouveau soupir, plus accentué que le premier.

— Pourquoi le plains-tu?...

— Parce qu'il y a bien de quoi, hélas!...

— Que lui est-il donc arrivé?...

— Vous allez voir. — Je reprends à l'endroit où j'en étais restée tout à l'heure :

» Donc, je vous le répète, j'étais veuve...

» Personne, dans les rangs des gardes mobiles, n'aurait fait attention à la chute de Bérard s'il était tombé sous le feu de la barricade...

» Mais, par malheur, au moment précis ou Philippe lui envoyait une balle dans la tête, aucun des insurgés ne tirait.

» Tous les hommes levèrent les yeux à la fois, pour savoir d'où le coup était parti.

» La fumée qui s'échappait à travers la persienne leur apprit ce qu'ils voulaient savoir.

» Cinquante canons de fusil furent braqués en même temps sur les fenêtres que nous occupions, Philippe et moi ; — cinquante détonations retentirent à la fois...

» La persienne contre laquelle je m'appuyais vola en éclats ; — je tombai à la renverse au milieu des débris.

» Je me crus morte, — je n'étais pas même blessée ; — décidément ce jour-là devait être pour moi le jour des miracles...

» Aveuglée pendant un instant par la fumée et les éclats de bois, j'appelai Philippe afin qu'il m'aidât à me relever...

» Philippe ne répondit point.

» Une terreur vague s'empara de moi, — je compris

instinctivement qu'il venait d'arriver un grand malheur...

» J'essuyai mes yeux remplis de poussière, et le premier objet qui frappa ma vue fut le corps du malheureux jeune homme, étendu sans vie auprès de l'autre fenêtre, le corps et la tête troués de balles.

» Son visage ne gardait pas un vestige de traits humains et n'offrait plus qu'une boue sanglante...

» Ah ! Bérard était bien vengé !...

» Ce n'est pas tout, et des coups terribles frappés à la porte qui donnait sur le boulevard annonçaient clairement que les gardes mobiles se préparaient à envahir la maison pour y exercer de farouches représailles.

» C'était trop d'émotions pour un seul jour, — je sentis que ma raison s'égarait ; — je m'élançai, tête nue, hors de l'appartement, je montai comme une folle aux étages supérieurs, et, parvenue dans un couloir qui servait de corridor commun à toutes les mansardes, je me mis à frapper à toutes les portes, espérant que l'une d'elles s'ouvrirait pour me recevoir et heurtant de la tête celles qui restaient sourdes et fermées.

» Enfin une porte s'entr'ouvrit.

» Je l'écartai violemment, je me glissai à l'intérieur sans même savoir chez qui et avec qui je me trouvais, — et il paraît que je me mis à délirer...

» J'étais prise d'un violent accès de fièvre chaude, avec transport au cerveau.

» La personne qui venait de me recueillir ainsi, — peut-être un peu malgré elle, — était une pauvre vieille femme qui vivait, tant bien que mal, en faisant le ménage des gens peu aisés du quartier.

» Soit charité, — soit qu'elle supposât, d'après l'élégance de ma toilette, que je pourrais la récompenser plus tard de ce qu'elle aurait fait pour moi, — elle me prodigua tous les soins imaginables.

» Elle me coucha dans son lit, — elle alla chercher un médecin, aussitôt qu'il fut possible de circuler sur les boulevards, enfin je fus aussi bien soignée chez elle que j'aurais pu l'être chez moi.

» Ma maladie dura quatre jours.

» Le quatrième jour, au soir, je repris ma connaissance et je pus faire quelques questions sur ce qui s'était passé après ma fuite de l'appartement de Philippe Aubry.

» La vieille femme m'apprit que les gardes mobiles avaient envahi la maison en criant : *Vengeance !* — mais que, parvenus au troisième étage, et voyant un fusil encore chaud à côté d'un cadavre criblé de balles, ils avaient compris que justice était faite de celui qui venait de tirer sur eux, et ils avaient battu en retraite sans pousser plus loin leurs recherches.

» Deux jours encore se passèrent, pendant lesquels mes forces revinrent à peu près.

» J'avais fait prévenir ma domestique de venir me rejoindre et de m'apporter le peu d'argent qui se trouvait chez moi.

» Je récompensai largement la vieille femme, — je repris possession de mon appartement et je continuai à vivre comme par le passé, — débarrassée seulement du cauchemar incessant que me donnait la pensée de mon mari quand je le savais vivant et à Paris.

» L'une de mes premières courses fut pour aller à l'état-major de la garde mobile, afin de réclamer l'acte de décès de Bérard.

» Cet acte me fut remis, — je le serrai dans mon secrétaire et je l'y conserve comme la chose la plus précieuse que je possède en ce monde...

» Le reste de mon existence, depuis le mois de juin 1848, jusqu'au moment où me voici à table avec vous, mes petits enfants, vous achevant ce long récit, peut se résumer en bien peu de mots...

» Mathilde, qui s'intéressait beaucoup à moi, ne renonçait point à me donner un ami de son choix ; — elle ne pouvait plus me marier de la main gauche avec le pauvre Philippe ; — elle chercha pour moi et finit par trouver un autre protecteur...

» A celui-ci, plusieurs succédèrent ; je n'en aimai aucun — (pas même mon ami Georges que voici), —

du moins dans le sens véritable du mot *aimer*, c'est-à-dire de cet amour que je ressentis, une fois dans ma vie, pour Paul Lambert.

» Un jour, — il y a de cela un an, — j'ai appris que Paul Lambert avait refait à la Guadeloupe la fortune de son père et la sienne, — qu'il était de retour en France et qu'il venait de se marier avec une jeune fille très-riche...

» Cela me fit plaisir, — et pourtant je pleurai beaucoup...

» J'étais à la fois contente et triste.

» Contente du bonheur de Paul...

» Triste de ce qu'il n'avait pas eu un souvenir pour moi...

» Je me trompais.

» Quelques jours plus tard, on me remit un paquet qui était allé me chercher à bien des adresses, et qui depuis deux semaines courait après moi dans tous mes anciens logements.

» Je reconnus aussitôt l'écriture de l'adresse... — C'était celle de Paul Lambert. — J'éprouvai une joie sans pareille — (il ne m'avait pas oubliée!...) — et j'ouvris le paquet.

» Il contenait trois choses:

» Un écrin...

» Un portefeuille...

» Une lettre...

» Dans l'écrin, il y avait une charmante parure de perles.

» Dans le portefeuille, vingt billets de banque de mille francs chacun.

» La lettre m'apprenait que les perles de la parure avaient été pêchées à Ceylan, sous les yeux de Paul, et qu'à chaque perle qui sortait de la mer il pensait à moi.

» Il m'annonçait ensuite son mariage et me disait qu'il ne me reverrait plus sans doute, mais qu'il conservait toujours de moi un bon et doux souvenir.

» Il me priait aussi de satisfaire avec les vingt mille francs une fantaisie quelconque...

» Je répondis à Paul que sa lettre m'avait rendue bien heureuse... — que ma seule fantaisie ou plutôt mon seul vif désir était d'avoir une parure de perles et que les siennes ne me quitteraient jamais — mais que je lui renvoyais les billets de banque, afin qu'un souvenir d'argent ne se mêlât point au souvenir de notre amour... »

— Et tu as renvoyé ces billets ? — demanda Georges d'un air quelque peu incrédule.

— Mais certainement.

— Tous les vingt?

— Tous les vingt.

— Merveilleux ! — s'écria le journaliste, — voici la *Nonne sanglante* qui se livre à des bergerades sentimentales et florianesques !... — tout à l'heure nous voguions en plein mélodrame !... — Ceci, ma chère, est du Vaudeville-Gymnase pur sang... et du meilleur temps de M. Scribe.

— Je ne sais pas si c'est du vaudeville, — répliqua Jane légèrement piquée, — mais je sais bien que c'est historique.

— Au fait, c'est assez invraisemblable pour être vrai, — nous te croyons, ma fille, — continue...

— Mais j'ai fini...

— Pas absolument...

— C'est tout comme... il ne me reste pas vingt mots à dire.

— Dis ces vingt mots.

— Soit, — les voici : — Je n'avais jamais entièrement perdu l'idée de me faire comédienne, — seulement, comme ma manière de voir était bien changée et comme j'étais devenue complétement *raisonnable*, je pensai que j'aurais plus de succès, de toutes les manières, comme danseuse que comme actrice... Je pris des leçons de danse, et tout à l'heure je débutais sous vos yeux et grâce à vous...

» Maintenant le premier pas est fait ; — attendons le second...

» Voilà...

» Si *monsieur et madame le maire est content*, qu'il le dise !... »

Vignette et Claudia répondirent en embrassant Jane.

— Un mot encore... — dit le journaliste.

— Voyons ce mot.

— Dans la plupart des romans dont les auteurs savent respecter comme il convient les saines traditions littéraires, quelques lignes finales et concises apprennent au lecteur le sort des personnages secondaires de l'action, après que le dénoûment du livre en a montré les héros triomphants ou vaincus...

— Ceci veut dire?...

— Ceci veut dire que ces quelques lignes manquent à ton récit, petite Jane...

— Mais je n'ai rien à ajouter, à propos de personne.

— Tu crois ça ?

— J'en suis sûre.

— On voit bien que tu n'es pas romancier.

— Alors, questionne, je répondrai.

— A tout seigneur tout honneur... — d'abord, que sont devenus le *papa* Maclet et mademoiselle Virginie Maclet?...

— Ils se portent comme l'obélisque ; — mon père a marié ma sœur à son premier garçon ; — elle tient toujours le café du Cercle, et elle est grosse de son sixième enfant...

— A merveille... Et Varnier?...

— Ah! Varnier !... je n'en ai entendu parler qu'une seule fois : — je passais aux Champs-Élysées en calèche découverte, — une calèche à deux chevaux que j'avais au mois... — je vis Varnier qui se promenait mélancoliquement dans une contre-allée, en fumant un cigare de dix centimes. — Le pauvre diable était râpé, — dégommé, — crasseux, — huileux, — on devinait qu'il manquait de *tout*, même d'engagement, et que le reste était à ses créanciers, comme dit Bilboquet..

» Un embarras de voitures forçait mes chevaux à aller au pas... Varnier m'aperçut, — me reconnut, — et, pensant sans doute qu'une femme en calèche devait être bonne à exploiter, il se mit à faire toutes sortes de signes télégraphiques pour attirer mon attention... — Je n'eus pas l'air de le voir et je cachai à demi mon visage dans un gros bouquet de roses mousseuses que j'avais à la main. — Varnier ne se tint point pour battu et s'élança sur la chaussée, à la portière de ma voiture...

» Je feignis de le prendre pour un mendiant, et je lui dis : — Je n'ai pas de monnaie mon brave homme...

» En ce moment mes chevaux prirent le grand trot.

» Je me croyais débarrassée de Varnier.

» Pas du tout !...

» Il s'élança derrière la voiture, à la place du valet de pied que je n'avais point amené parce que je n'en possédais pas, et, par-dessus la capote baissée, il murmura :

» — C'est moi, Jane, — c'est moi Varnier.. — Moi qui n'ai jamais cessé de t'aimer, étoile de ma vie... moi qui vais mourir de douleur si tu ne me rends ton amour, etc., etc.

» Je le laissai dire pendant un instant, car je trouvais très-originale l'impudence de ce faquin, puis au bout de deux ou trois minutes je criai :

» — Jean.

» Mon cocher se retourna.

» — Il y a derrière la voiture, — lui dis-je, — un drôle qui m'ennuie beaucoup et qui fatigue les ressorts...

» Jean ne se le fit pas répéter deux fois.

» Une demi-douzaine de coups de fouet bien appliqués forcèrent le malheureux cabotin à descendre au plus vite, et il s'enfuit d'un air furieux et désolé, le plus réjouissant du monde... — Voilà tout ce que je sais de lui. »

— Bravo, ma fille !... — s'écria Georges, — ce n'est pas la vengeance corse ! c'est une petite vendetta parisienne et féminine fort joliment troussée ! reçois nos compliments...

Jane s'inclina d'un air modeste.

— Et le marquis de G*** ? — poursuivit le journaliste.

— J'ai appris, par le plus grand hasard du monde, qu'il était mort de vieillesse un jour qu'il allait en bonne fortune. M. Gannal, appelé immédiatement, a refusé de l'embaumer, sous prétexte qu'on était venu le chercher trop tard...

— Très-bien. — Et Angéline?
— Elle est toujours à Paris, — assez malheureuse, je crois, — elle traîne un châle français et des socques!... — je la rencontre de temps en temps et nous ne nous saluons pas.

FIN

TABLE DES CHAPITRES

Le souper	1
Le café du Cercle	9
Paul Bérard	18
Angéline	29
La momie vivante	42
Explication	55
La Tour de Nesle	66
Grand premier rôle	79
Le numéro 3	89
Le premier pas	100
Compte ouvert	114
Pour acquit	123
Complication	133
Mystère	141
Le père et la fille	152
Décision	163
Les conseils de Varnier	173
Lettre anonyme	189
Deux heures du matin	198
Le mariage	211

Scène d'intérieur. 223
La fuite. 239
Paul Lambert. 248
Rue de Provence. 257
Mauvaises nouvelles. 268
Poste restante. 277
En République 286
Une nuit de Juin 294
La barricade du Château-d'Eau. 302
Un veuvage. 312
Un demi-dénoûment. 323

FIN DE LA TABLE

F. Aureau. — Imprimerie de Lagny.

www.ingramcontent.com/pod-product-compliance
Lightning Source LLC
Chambersburg PA
CBHW060500170426
43199CB00011B/1273